Dr. Tobias Mahlstedt

Die 100 wichtigsten Vermieter-Fragen – rechtssicher beantwortet

Von der Mieter-Auswahl über die Betriebskostenabrechnung bis hin zu Schadenersatz und Räumungsklage

Impressum

1. Auflage 2011
© 2011 by GeVestor Financial Publishing Group
Theodor-Heuss-Straße 2-4 · 53177 Bonn
Telefon +49 228 8205-0 · Telefax +49 228 3696010
info@gevestor.de · www.gevestor.de

Herausgeber: Hans Joachim Oberhettinger
Autor: Dr. Tobias Mahlstedt (V.i.S.d.P)
Herstellung: Eberhard Reinecke, Hagenbach
Lektorat: Kerstin Thürnau, Frankfurt
Satz: ce redaktionsbüro für digitales publizieren, Köln
Druck: Druckhaus Thomas Müntzer GmbH, Bad Langensalza
Umschlag: fotolia/mariok1979
Bildnachweis: S. 7: fotolia/M&S Fotodesign, S. 17: fotolia/ExQuisine, S. 25: fotolia/montebelli,
S. 37: fotolia/spuno, S. 53: fotolia/Mark Bohmeier, S. 83: fotolia/Andreas Haertle, S. 97: fotolia/Yantra,
S. 105: fotolia/Pixel, S. 143: fotolia/Stefan Körber, S. 153: fotolia/akf, S. 165: fotolia/Geo Martinez,
S. 171: fotolia/LosRobsos
Druck: Druckhaus „Thomas Müntzer" GmbH, Bad Langensalza

ISBN 978-3-8125-1368-5

Haftungsausschluss

Alle Angaben wurden mit äußerster Sorgfalt ermittelt und überprüft.
Sie basieren jedoch auf der Richtigkeit uns erteilter Auskünfte und
unterliegen Veränderungen. Eine Gewähr kann deshalb nicht
übernommen werden.

Vorwort

Als Vermieter erleben Sie oft eine Menge unangenehmer Überraschungen. Da zahlt Ihr neuer Mieter die Kaution nicht vollständig. Oder er stellt Fahrräder im Hausflur ab, obwohl das nicht erlaubt ist. Ein anderer wiederum weigert sich, die Betriebskostennachzahlung zu übernehmen, weil er die Hausreinigung für zu teuer hält. Der nächste behält 15% der Miete ein, nachdem sein Nachbar nachts immer stundenlang duscht. Und die Schönheitsreparaturen am Mietende? Da weigert sich mittlerweile fast jeder Mieter, sie durchzuführen – unter Hinweis auf die vielen unwirksamen Klauseln, die der BGH beanstandet hat.

Doch nun wissen Sie Rat in all diesen Situationen. Denn mit diesem Kompendium halten Sie geballtes Praxis-Wissen für Vermieter in den Händen – 100 Fragen und Antworten aus allen Bereichen des Mietrechts. Die Fragen betreffen alle Standard-Situationen, die sich jedem Vermieter früher oder später stellen und auf die er die Antwort kennen muss. Und zwar im eigenen Interesse. Denn oft geht es um viel Geld. Da lautet die Frage: Lohnt sich ein Rechtsstreit oder nicht? Stress, Zeit und Ärger erspart sich nämlich nur der Vermieter, der sich auskennt oder einen guten Anwalt hat.

Mit meiner Fall-Sammlung für Vermieter sind Sie auf der sicheren Seite! Von der Auswahl des richtigen Mieters über alle wichtigen Fragen der Mieterhöhung und Betriebskostenabrechnung bis zur Zwangsvollstreckung gegen den Ex-Mieter – mit diesem Buch profitieren Sie von meiner jahrelangen Erfahrung als Vermieter-Anwalt.

Berlin im Juni 2011

Dr. Tobias Mahlstedt

Inhalt

Mieterhöhung 83

Mietminderung 97

Abmahnung, Kündigung & Mietende 105

Mietvertrag
&
Mieterauswahl

1
Ehemann unterschreibt allein –
Ist die Ehefrau Mietpartei?

Im Mietvertrag sind als Mieter genannt „Eheleute Klaus und Martha K.", nur der Ehemann hat aber den Vertrag unterschrieben. Die Ehefrau war bei der Wohnungsbesichtigung und allen Gesprächen dabei. Jetzt habe ich eine Kündigung des Ehemanns erhalten („Ich kündige"), er hat wieder allein unterschrieben. Ist die Kündigung wirksam ohne die Unterschrift der Ehefrau? Ich würde die Mieter gern behalten, neue Mieter sind momentan schwer zu finden.

Das von Ihnen geschilderte Problem ist gar nicht so selten: Die Bezeichnung der Parteien im Kopf des Mietvertrags und die Unterschriften weichen voneinander ab. Entscheidend ist, ob der Ehemann den Mietvertrag nur für sich allein oder auch stellvertretend für seine Ehefrau abgeschlossen hat.

Im ersten Fall wäre er allein Mieter geworden und könnte deshalb allein kündigen. Im zweiten Fall wären beide Ihre Mieter geworden und müssten daher eine Kündigung auch gemeinsam aussprechen. Oder der Ehemann hätte deutlich machen müssen, dass er auch im Namen und mit Vollmacht seiner Ehefrau kündigt. Handeln für den Ehepartner muss nach außen erkennbar sein.

Die Gerichte entscheiden derartige Fälle nicht einheitlich. **Die Gerichte sind gespalten** Manche sagen: Wenn im Vertrag beide Ehepartner als Mieter genannt sind, werden - auch bei nur einer Unterschrift - beide Mietpartei (OLG Düsseldorf, Urteil v. 24.08.99, Az. 24 U

93/98). Andere Gerichte gehen nur dann davon aus, dass beide Ehepartner Mieter geworden sind, wenn weitere Indizien hinzukommen. Beispiele hierfür sind, dass etwa beide gemeinsam an den Vertragsverhandlungen teilgenommen haben oder dass späterer Schriftverkehr von beiden unterschrieben wurde und so aus dem gesamten Verhalten erkennbar ist, dass sich beide Ehepartner verpflichten wollten (LG Osnabrück, Urteil v. 06.06.01, Az. 1 S 1099/00, 14/01).

In den neuen Bundesländern gelten Besonderheiten

Ausnahme: Altverträge in den neuen Bundesländern. Eine Besonderheit gilt bei Mietverträgen, die noch vor dem 03.10.1990 in den neuen Bundesländern abgeschlossen wurden. Hier gilt noch § 100 ZGB: Nach dieser Vorschrift wurde der Ehepartner des Mieters auch ohne eigene Unterschrift von Gesetzes wegen ebenfalls Mietpartei. Auch hier müssen also beide Partner gemeinsam kündigen. Da in Ihrem Fall die Ehefrau bei den Vertragsverhandlungen beteiligt war und im Vertrag als Mieterin genannt ist, spricht alles dafür, dass beide Ehepartner gemeinsam Ihre Mieter geworden sind. Die Kündigung des Ehemannes allein ist daher unwirksam. Weisen Sie Ihre Mieter darauf hin, dass sie nur gemeinsam kündigen können. Wenn die Eheleute daraufhin erneut kündigen, richtet sich die Frist nach dem neuen Kündigungsdatum. Dadurch gewinnen Sie etwas Zeit für die Suche nach einem neuen Mieter.

Tipp: Vergewissern Sie sich beim Abschluss eines Mietvertrags, dass alle im Vertrag genannten Mieter auch unterschrieben haben. So vermeiden Sie spätere Unklarheiten.

Wenn Sie als Ehepaar vermieten, beachten Sie unbedingt: Sie müssen gemeinsam kündigen. Einen ähnlichen Fall hatte das

Amtsgericht Gießen zu entscheiden: Als Vermieter waren im Vertrag eingetragen „Eheleute Dr. Peter Z.", unterzeichnet hatte den Vertrag aber allein der Ehemann. Auch hier ging das Gericht davon aus, dass beide Ehepartner gemeinsam Vermieter geworden sind, zumal der Vermieter selbst das Wort „Eheleute" in das Vertragsformular eingetragen hatte. Die vom Ehemann allein ausgesprochene Kündigung war daher unwirksam (AG Gießen, Urteil v. 02.04.07, Az. 48 MC 620/06).

2
Ist ein Zeitmietvertrag
wegen geplantens Verkaufs möglich?

Ich möchte meine Eigentumswohnung verkaufen, aus bestimmten Gründen aber erst im Juli 2012. Kann ich die Wohnung wegen dieser Verkaufsabsicht bis dahin befristet vermieten?

Nein, diese Möglichkeit lässt Ihnen das Gesetz nicht. Da sich eine vermietete Wohnung meist schlechter verkaufen lässt, möchten viele Vermieter einen befristeten Mietvertrag schließen. Jedoch lässt § 575 BGB den Abschluss eines Zeitmietvertrags nur in 3 Fällen zu:

Zeitmietvertrag nur in 3 Fällen möglich

1. Sie haben Eigenbedarf für sich bzw. für einen Haushalts- oder Familienangehörigen.
2. Sie planen, die Räume zu beseitigen oder so wesentlich zu verändern bzw. instand zu setzen, dass die Fortsetzung des Mietverhältnisses erheblich erschwert würde.
3. Sie vermieten die Wohnung an einen Ihrer Angestellten, wobei Sie die Mietdauer an die Dauer des Arbeitsverhältnisses knüpfen.

Sie sehen, dass der geplante Verkauf einer Wohnung als Befristungsgrund nicht genannt ist, wohlweislich: Der Gesetzgeber legt fest, dass Mietverhältnisse trotz eines Verkaufs der Mieträume Bestand haben (§ 566 BGB).

3
Muss der Mieter
eine Bearbeitungsgebühr zahlen?

Ich habe mit meinem Mieter einen Formularmietvertrag über eine Wohnung abgeschlossen. Das Formular enthält die Klausel: „Bei Vertragsabschluss zahlt der Mieter an den Vermieter eine einmalige Bearbeitungsgebühr in Höhe von insgesamt 100 €." Der Mieter weigert sich zu zahlen. Was kann ich tun?

Klauseln sind unwirksam

In Ihrem Fall hat Ihr Mieter bedauerlicherweise Recht. Er braucht die einmalige „Bearbeitungsgebühr" nicht zu zahlen. Die entsprechende Klausel im Mietvertrag ist unwirksam.

Bei Bearbeitungsgebühren handelt es sich um Kosten, die Ihnen durch die Verwaltung des Mietverhältnisses entstehen. Solche Verwaltungskosten müssen Sie in die Miete einkalkulieren. Einen separaten Betrag dürfen Sie hierfür nicht verlangen. Entschieden wurde ein solcher Fall vom Landgericht Hamburg (LG Hamburg, Urteil v. 05.03.09, Az. 307 S 144/08).

4
Wohnungseinbruch – Wer zahlt die Reparatur der Tür?

In meine vermietete Wohnung ist eingebrochen worden. Dabei wurde die Wohnungseingangstür stark beschädigt. Der Mieter weigert sich, die Reparatur zu zahlen. Dabei hat der Mieter eine Haftpflichtversicherung, die ja für den Schaden aufkommen müsste. Zum Abschluss dieser Versicherung hat er sich im Mietvertrag verpflichtet. Wie ist die Rechtslage?

Zur Reparatur sind grundsätzlich Sie als Vermieter verpflichtet, wenn der Schaden nicht durch den Mieter oder durch seine Erfüllungsgehilfen (insbesondere vom Mieter beauftragte Handwerker) verursacht wurde; unerwünschte Besucher, also Einbrecher, sind jedenfalls keine Erfüllungsgehilfen.

Im Übrigen gilt: Kein Mieter ist verpflichtet, eine Hausratversicherung abzuschließen. Entsprechende Klauseln in den Mietverträgen sind unwirksam (LG Berlin, GE 1993, 159).

Mieter müssen keine Versicherungen abschließen

Und selbst wenn der Mieter eine Hausratversicherung hat, muss er von ihr keine Leistung verlangen, da nach einem Versicherungsfall die Hausratversicherung (gemäß § 92 VVG) den Versicherungsvertrag kündigen kann. Der Mieter kann aber nicht gezwungen werden, dieses Risiko einzugehen.

5
Wohnungseigentümergemeinschaft: Ist eine Umzugspauschale sinnvoll und rechtens?

In unserer Wohnungseigentümergemeinschaft ist mehrheitlich beschlossen worden, dass für jeden neuen Bezug einer Wohnung eine Bezugsgebühr in Höhe von 250 € zu zahlen ist. Ist das rechtens und gegebenenfalls sinnvoll? Kann ich die Kosten meinem Mieter weiterbelasten?

Derartige Pauschalen für Ein-, Aus- und Umzüge werden in Wohnungseigentümergemeinschaften recht häufig vereinbart. Rechtlich stellen sie eine Form der Instandhaltungsrücklage dar; die Beschlusskompetenz hierfür ergibt sich direkt aus dem Wohnungseigentumsgesetz, nämlich aus § 21 Abs. 7 WEG.

Fast jeder Umzug verursacht Schäden

Sachlich dienen die Pauschalen dazu, eventuell entstehende Schäden anlässlich eines Umzuges im Bereich des Treppenhauses oder des Hauseinganges abzudecken. Das ist sinnvoll, denn Schäden könnten nur von allen Eigentümern nach entsprechendem Beschluss gemeinschaftlich geltend gemacht werden – und der Aufwand hierfür ist regelmäßig viel zu groß bzw. unverhältnismäßig angesichts der meist geringfügigen Umzugsschäden.

In einem Mietvertrag ist eine solche Pauschale nur wirksam, wenn entweder die Höhe der vereinbarten Summe den üblicherweise zu erwartenden – und vom Mieter zu vertretenden – Schaden nicht übersteigt oder dem Mieter ausdrücklich der

Nachweis gestattet wird, dass ein Schaden nicht oder nicht in der Höhe entstanden ist (vgl. § 309 Nr. 5b BGB).

Aber: In den meisten Fällen wird im Mietvertrag eine verschuldensunabhängige Haftung des Mieters vereinbart – und eine solche ist als Vertragsstrafe gemäß § 555, § 309 Nr. 5b BGB unwirksam.

6
9 Monatsmieten
Kaution bei Gewerbemietern?

Ich werde jetzt das erste Mal Gewerberäume vermieten. Kann ich hier auch nur eine Mietkaution in Höhe von 3 Nettokaltmieten von meinem Mieter verlangen? Oder ist es möglich, eine Mietkaution in Höhe von 9 Monatsmieten zu vereinbaren?

Eine Mietkaution können Sie von jedem Mieter nur dann verlangen, wenn Sie dies im Mietvertrag vereinbart haben. Anders als § 551 BGB dies für die Vermietung einer Wohnung vorschreibt, dürfen Sie bei der Vermietung von Gewerberäumen jedoch eine Mietkaution von mehr als 3 Nettokaltmieten vereinbaren. Da das Oberlandesgericht Brandenburg die Vereinbarung einer 7-fachen Monatsmiete sogar in einem Formularmietvertrag erlaubt (OLG Brandenburg, Beschluss v. 27.09.06, Az. 3 U 78/06), können Sie mit einer individuellen Vereinbarung auch darüber hinausgehen und eine Mietsicherheit in Höhe von 9 Monatsmieten vereinbaren.

Sie können die Verzinsung ausschließen

Im Unterschied zur Wohnungsvermietung können Sie mit einem Gewerberaummieter auch vereinbaren, dass die Mietkaution nicht verzinslich angelegt wird. Ob sich der Mieter darauf einlässt? Nun, das hängt von Ihrem persönlichen Verhandlungsgeschick ab. Eines ist jedoch sicher: Haben Sie die Verzinsung nicht ausgeschlossen und die Mietkaution dennoch nicht verzinslich angelegt, müssen Sie dem Mieter später diesen Zinsschaden ersetzen.

Weitere Vorteile im Gewerbemietvertrag:
- Sie können weitere Betriebskosten mit Ihrem Mieter vereinbaren über die Betriebskostenverordnung hinaus.
- Sie können zusätzliche Pflichten des Mieters zur Instandsetzung festlegen über die Kleinreparaturklausel hinaus.

Mietkaution

7
Mietkaution zu hoch angesetzt und keine Raten vereinbart – Muss der Mieter dennoch zahlen?

In meinem Mietvertrag habe ich mit meinem Mieter vereinbart, dass er „bei Mietbeginn" eine Mietkaution in Höhe von 1.400 € zahlen muss. Obwohl der Mieter nun schon fast 2 Monate in der Wohnung lebt, verweigert er die Zahlung der Kaution. Er meint, hierzu nicht verpflichtet zu sein, da die entsprechende Regelung im Mietvertrag unwirksam sei. Und zwar deshalb, weil ihm darin nicht das Recht auf Ratenzahlung einräumt sei und die Kaution höher als die 3-fache Monatsmiete von 400 € angesetzt wurde. Stimmt das?

Die Einwendungen Ihres Mieters sind berechtigt, zahlen muss er aber dennoch. Richtig ist zunächst, dass die Höhe der Mietkaution das Dreifache einer Monatsmiete nicht übersteigen darf, wobei Nebenkostenvorauszahlungen (und ein etwaiger Möblierungszuschlag) nicht eingerechnet werden.

Die dieess vorschreibende Regelung in § 551 BGB ist zwingendes Recht; von ihr darf also nicht, auch nicht einvernehmlich mit dem Mieter, abgewichen werden.

Mieter muss Mietkaution zahlen – trotz unwirksamer Klausel

Allerdings gilt eine erfreuliche Besonderheit: Anders als bei unzulässigen Renovierungsklauseln („starre Fristen") wird der Mieter nach Meinung des Bundesgerichtshofs (BGH) hier von seiner Pflicht nicht gänzlich freigestellt, sondern nur in dem Maße, wie die Kaution die gesetzlich zulässige Höhe überschreitet (BGH, Urteil v. 03.12.03, Az. VIII ZR 86/03). Da bei Ihnen eine Kaution nur in Höhe von 1.200 € (3 Monate à 400 €) zulässig wäre, muss Ihr Mieter sie also auch nur in dieser Höhe zahlen.

Die erste Rate ist fällig bei Übergabe

Mit seinem Einwand, er dürfe die Kaution in 3 Raten zahlen, hat Ihr Mieter ebenfalls Recht. Auch dies legt der genannte Paragraf § 551 BGB ausdrücklich fest, wobei er anordnet, dass die erste Rate bei „Beginn des Mietverhältnisses", also bei Übergabe der Wohnung an den Mieter, fällig ist. Aus diesem Grund hat der BGH entschieden, dass die Regelung, wonach der Mieter die Kaution „bei Abschluss des Mietvertrages" zu erbringen hat, unzulässig ist. Allerdings gilt auch hier, dass eine solche nicht vollständig, sondern nur teilweise unwirksam ist.

Konkret: Die Kaution – in zulässiger Höhe – muss Ihr Mieter zahlen, allerdings darf er das unabhängig von der Regelung im Mietvertrag in 3 gleichen Raten tun. Dies hat der BGH in seiner Entscheidung gleichfalls klargestellt (BGH, Urteil v. 25.06.03, Az. VIII 344/02).

8
Soll ich mich auf eine
Bankbürgschaft als Mietkaution einlassen?

*Ein Mietinteressent bietet mir eine Bankbürgschaft
anstelle einer Mietkaution. Kann ich mich darauf
einlassen?*

Prinzipiell ist die Bürgschaft eine zulässige Alternative zur
Übergabe von Geld als Mietkaution. Bürgschaft bedeutet, dass
sich eine andere Person, in Ihrem Fall eine Bank, Ihnen gegenüber verpflichtet, für die Zahlungspflichten Ihres Mieters ein-
zustehen. Die Vorteile für den Mieter: Er braucht bei Mietbeginn die relativ hohe Kautionssumme nicht zu berappen, sondern kann das Geld stattdessen beispielsweise in die
Einrichtung der neuen Wohnung investieren.

Darin liegt aber zugleich auch das Risiko für Sie. Eine Bürg-   **Das Risiko trägt
schaft kann nämlich erstes Zeichen einer schlechten finan-   der Vermieter**
ziellen Lage des Mieters sein. Wenn der Vertragspartner es
bereits nicht schafft, die Kaution aufzubringen, befürchten
Vermieter, später bei eventuellen Nebenkosten-Nachzahlun-
gen oder gar der monatlichen Miete auf den Kosten sitzen zu
bleiben. Prüfen Sie daher die finanziellen Verhältnisse Ihres
Mietinteressenten genau. Lassen Sie sich die Gehaltsbeschei-
nigungen der letzten Monate zeigen, fragen Sie beim Arbeit-
geber und beim bisherigen Vermieter nach. Besteht kein Hinweis auf Zahlungsschwierigkeiten des Mieters, dürfen Sie eine
Bankbürgschaft durchaus akzeptieren. Eine höhere Sicherheit
als bei der Barkaution erzielen Sie dadurch jedoch nicht, denn
auch der Bürge haftet nur in Höhe von maximal 3 Monatsmieten.

9
Wann muss ich dem Mieter die Kaution auszahlen?

Mein Mietverhältnis hat zum 31. Juli geendet. Seither fordert mein Ex-Mieter die Herausgabe der Mietkaution. Ich denke, ich habe für die Abrechnung und Auszahlung der Mietkaution 3 Monate Zeit. Oder nicht?

Eine feste Frist gibt es nicht

Nein, hier irren Sie sich leider – wie übrigens sehr viele Vermieter und Mieter. Fristen für die Abrechnung und Auszahlung der Mietkaution nach beendetem Mietverhältnis gibt es nicht. Es gilt: Unverzüglich nach Mietende müssen Sie prüfen, ob Sie noch Forderungen gegen Ihren Mieter haben. Etwa wegen nicht gezahlter Mieten bzw. Nebenkosten, wegen nicht oder nur unzureichend durchgeführter Schönheitsreparaturen oder Beschädigungen oder wegen nicht vorgenommenen Rückbaus von Mietereinbauten.

Nur wenn Sie noch Forderungen gegen Ihren Mieter haben – auch wegen einer erwarteten Nachzahlung aus noch zu erstellender Betriebskostenabrechnung –, dürfen Sie in Höhe dieser (erwarteten) Nachforderung die Kaution Ihres Mieters einbehalten. Ansonsten bzw. darüber hinaus müssen Sie dem Mieter gegenüber über die Kaution abrechnen und diese auszahlen.

10
Darf der Mieter die Mietkaution zurückhalten und bei Mängeln mindern?

Mit meinem Mieter habe ich vereinbart, dass er die die 3-fache Nettokaltmiete in 3 Raten zu zahlen hat. Zwar hat der Mieter die erste Rate gezahlt, die beiden weiteren Raten verweigert er jedoch. Das begründet er zum einen mit Mietmängeln (luftdurchlässige Fenster). Zum anderen fordert er von mir einen Nachweis, dass ich die erste Kautionsrate korrekt angelegt habe. Erst wenn ich diesen Nachweis erbracht habe, müsse er zahlen. Hat der Mieter Recht?

Ja und nein. Zunächst muss wie bei Ihnen die Zahlung einer Kaution im Mietvertrag vereinbart worden sein; stände darüber nichts im Mietvertrag, müsste er auch nicht zahlen. Die Kautionssumme darf höchstens das Dreifache der auf einen Monat entfallenden Miete ohne Betriebskosten betragen. Dabei hat der Mieter das Recht, die Kaution in 3 gleich hohen Monatsraten zu zahlen, wobei die erste Rate bei Mietbeginn fällig ist (§ 551).

Als Vermieter sind Sie verpflichtet, die Kaution auf einem separaten Kautionskonto aufzubewahren. Dies dient dem Schutz des Mieters, denn befände sich die Kaution im Vermögen des Vermieters, wäre sie bei dessen Insolvenz für den Mieter verloren.

Soweit Ihr Mieter die Kaution wegen bestehender Mietmängel zurückhält, befindet er sich allerdings im Irrtum. Sind die Fenster der Mietwohnung tatsächlich mangelhaft, darf er bis

Nur Miete darf bei Mängeln gemindert werden

zur Beseitigung des Mangels zwar die Miete in angemessener Höhe mindern. Ein Recht, deshalb die Kaution zu mindern oder diese gar nicht zu zahlen, hat Ihr Mieter aber nicht.

Modernisierung
&
Instandhaltung

11
Wie sind Modernisierungskosten im Verhältnis der Wohnflächen umzulegen?

Ich möchte an meinem Mietshaus eine Wärmedämmung anbringen lassen. Wie muss ich die Kosten bei der anschließenden Modernisierungs-Mieterhöhung auf die einzelnen Mietparteien umlegen?

Grundsätzlich ist die Mieterhöhung für jede Wohnung nach den Kosten zu berechnen, die für die konkrete Wohnung aufgewendet werden. Viele Modernisierungsarbeiten kommen aber mehreren oder sogar allen Wohnungen zugute, so auch Ihre Wärmedämmung. Für die Verteilung dieser Kosten auf die einzelnen Wohnungen ist ein Umlageschlüssel nicht gesetzlich vorgegeben.

Es liegt also an Ihnen, einen sachgerechten Maßstab für die Kostenverteilung festzulegen. Fast immer bietet es sich an, die Kosten nach dem Verhältnis der Wohnfläche der einzelnen modernisierten Wohnung zur insgesamt modernisierten Fläche aufzuteilen. Der Verteilungsschlüssel ist in diesem Fall: Wohnfläche der einzelnen Wohnung in Relation zur Gesamtwohnfläche des Hauses.

Wählen Sie einen sachgerechten Verteilungsschlüssel

Es ist nicht erforderlich und auch nicht praktikabel, danach zu differenzieren, wie viel die einzelne Wohnung von der Wärmedämmung profitiert. Deshalb können Sie Eck- und Mittelwohnungen gleichermaßen mit ihrer jeweiligen Wohnfläche ansetzen. Sogar wenn eine Wärmedämmung nur im Bereich einer Mansardenwohnung erfolgt, dürfen die Kosten auf alle Mieter des Hauses nach der Wohnfläche umgelegt werden, entschied das Amtsgericht Münster (AG Münster, Urteil v. 17.06.09, Az. 1061/08).

12
Modernisierungszuschlag trotz Fristversäumnis?

Ich habe im Haus meiner Mieter eine moderne Ener-giesparheizung installiert, zudem erhielten die Woh-nungen erstmals Gegensprechanlagen. Die Moderni-sierungsmaßnahmen hatte ich meinen Mietern hin-sichtlich der Heizung zwar angekündigt. Weil die Arbeiten später überraschend vorverlegt wurden, war die 3-Monats-Frist aber nicht mehr gewahrt. Außer-dem hatte ich versäumt, den Einbau der Gegensprech-anlagen anzukündigen. Meine Mieter lehnen nun die Mieterhöhung ab. Zu Recht?

Nein. Der Bundesgerichtshof (BGH) hat entschieden, dass ein Mieter eine Mieterhöhung wegen durchgeführter Modernisie-rungsmaßnahmen auch dann zahlen muss, wenn ihm die Maßnahme nicht oder nicht rechtzeitig angekündigt wurde. Der Wermutstropfen dabei: In einem solchen Fall können Sie die erhöhte Miete bei Ihrem Mieter aber erst mit einer Ver-spätung von 6 Monaten geltend machen (BGH, Urteil v. 19.09.07, Az. VIII 6/07).

Arbeiten und Mieterhöhung müssen ange-kündigt werden Grundsätzlich gilt: Haben Sie die Modernisierungsmaßnah-men nach Art, Dauer und Zeit ihrer Durchführung sowie die zu erwartende Mieterhöhung 3 Monate vor Beginn der Arbei-ten angekündigt, können Sie nach ihrem Abschluss ein Mieterhöhungsverlangen an Ihren Mieter richten. Die erhöhte Miete schuldet er Ihnen dann beginnend mit dem dritten Monat, nachdem er das Mieterhöhungsverlangen erhalten hat.

Haben Sie die 3-Monats-Frist nicht gewahrt oder übersteigt die tatsächliche Mieterhöhung die angekündigte Miete um mehr als 10%, muss der Mieter den Modernisierungszuschlag also erst 6 Monate später zahlen. Also insgesamt erst mit Beginn des neunten Monats, nachdem ihm das Erhöhungsverlangen zugegangen ist. Das Gleiche gilt nach dem besagten Urteil auch, wenn dem Mieter Modernisierungsmaßnahmen – wie im Fall des Einbaus der Gegensprechanlage – gar nicht angekündigt wurden.

Die Mieterhöhung verschiebt sich aber um 6 Monate

13
Trotz DVBT – Muss mein Mieter für Kabelanschlusskosten dennoch zahlen?

Mein Mieter weigert sich, die Kosten für den Breitband-Kabelanschluss zu zahlen, obwohl wir das im Mietvertrag vor 4 Jahren so vereinbart haben. Der Mieter meint, dass er den Anschluss nicht mehr brauche, seit er sich vor 5 Monaten eine sogenannte Set-Top-Box zugelegt habe. Dabei sei der Kaufpreis für die Box nur etwa so hoch gewesen wie 8 Monate Kabelgebühren, außerdem empfange er seither sogar noch mehr Radio- und TV-Sender. Das mag ja alles sein, nur muss ich die Kosten für den Kabelanschluss ja auch zahlen. Was kann ich tun?

Das Anliegen Ihres Mieters ist zwar verständlich, zahlen muss er Ihnen die Kosten für den Breitbandkabelanschluss aber dennoch. Denn Sie haben dies vereinbart, und diese Vereinbarung ist auch dann noch wirksam und bindend, wenn sie irgendwann für den Mieter nachteilig wird. Im Gegenteil: Der Mieter kann verlangen, dass er einen funktionstüchtigen Kabelanschluss hat, weshalb er auch die Miete mindern dürfte, wenn dies einmal nicht der Fall sein sollte.

Alte Verträge bleiben wirksam

Sie brauchen den Kabelvertrag auch nicht zu kündigen, um die Kosten für den Mieter zu reduzieren – auch dies kann ein Mieter nicht von seinem Vermieter verlangen. Im Gegenteil: In Wohngebäuden, die bislang keinen Kabelanschluss haben, können Sie einen solchen sogar noch installieren und jährlich 11% der auf die Wohnung entfallenden Kosten auf den Mieter umlegen. Der Bundesgerichtshof (BGH) meint nämlich, dass ein Kabelanschluss eine „sinnvolle Investition" ist, deren Kosten einen Modernisierungszuschlag rechtfertigen (BGH, Urteil v. 20.07.05, Az. VIII ZR 253/04).

14
Bagatellmodernisierung –
Welche Pflichten habe ich?

Ich plane, in meiner vermieteten Wohnung folgende Arbeiten vornehmen zu lassen: Einbau von Thermostatventilen und Installation einer Gegensprechanlage. Muss ich diese Maßnahmen, obwohl ich auf deren Grundlage eine monatliche Mieterhöhung von allenfalls 7 € beabsichtige, dem Mieter ankündigen und muss er den Maßnahmen zustimmen?

Bei beiden Maßnahmen handelt es sich um Modernisierungen im Sinne des Mietrechts, da sie dazu dienen, Energie einzusparen bzw. den Wohnwert zu verbessern. Grundsätzlich gilt: Modernisierungsmaßnahmen müssen Sie dem Mieter nach Art, Umfang und Dauer 3 Monate vor Ausführung ankündigen und ihm auch die voraussichtliche Mieterhöhung mitteilen. Wegen der Mieterhöhung hat der Mieter ein Sonderkündigungsrecht (§ 554 Abs. 3 BGB).

Dies gilt allerdings dann nicht, wenn es sich um eine sogenannte Bagatellmodernisierung handelt. Das ist der Fall, wenn die Baumaßnahmen mit allenfalls unerheblichen Einwirkungen auf die Mietsache verbunden sind und sie zudem zu keiner oder nur zu einer unwesentlichen Mietzinserhöhung von nicht mehr als 10 € im Monat, maximal aber 5% der Nettokaltmiete, führen. Bei den von Ihnen vorgesehenen Maßnahmen gehe ich davon aus, dass sie den Mieter nur unwesentlich beeinträchtigen. Und da sie für ihn zu keiner Mieterhöhung von mehr als 10 € im Monat führen, liegt eine sogenannte Bagatellmodernisierung vor.

Weniger als 10 € Mieterhöhung

Trotzdem müssen die Arbeiten mitgeteilt werden

Sie sind deshalb nicht verpflichtet, Ihre Modernisierung zu erläutern und mit 3-monatiger Frist anzukündigen. Allerdings müssen Sie Ihrem Mieter die Maßnahmen trotzdem ankündigen, sofern das Betreten seiner Wohnung erforderlich ist. Diese Verpflichtung ergibt sich zwar nicht aus dem Modernisierungs-Paragrafen 554 BGB, nach Meinung der Gerichte aber aus § 242 BGB – also aus „Treu und Glauben".

15
Muss mein Mieter die mit einer Modernisierung verbundene Grundrissänderung dulden?

In meinem Altbau möchte ich die Wohnungen modernisieren: Dabei soll jeweils das winzige Bad vergrößert und mit einer geräumigen Dusche ausgestattet werden. Der angrenzende große Wohnraum wird dadurch um etwa 2 qm verkleinert. Ein Mieter wehrt sich gegen die geplante Maßnahme mit der Begründung, sie würde für ihn nicht zu einer Verbesserung der Wohnung führen. Was kann ich tun?

Nach § 554 Bürgerliches Gesetzbuch (BGB) muss ein Mieter Modernisierungsmaßnahmen dulden, wenn sie zu einer Verbesserung der Mietsache oder zur Energieeinsparung führen.

Wohnwertverbesserung ist nach objektivem Maßstab zu beurteilen

Es kommt aber nicht darauf an, ob der einzelne Mieter, der gerade Ihre Räume bewohnt, die von Ihnen geplante Maßnahme für eine Verbesserung der Wohnung hält. Entscheidend ist vielmehr, wie die geplante Maßnahme allgemein von solchen Mietern, für die Ihre Wohnung in Frage kommt, beurteilt wird. Würden sie die Wohnung nach durchgeführtem Umbau eher anmieten als im bisherigen Zustand? Ob eine mit einer Grundrissänderung verbundene Umbaumaßnahme eine Wohnwertverbesserung darstellt, kann immer nur aufgrund einer Würdigung des konkreten Zuschnitts der betroffenen Wohnung, der Wohnungsgröße und der Einzelheiten der geplanten Baumaßnahme beurteilt werden. Eine abschließende Bewertung können wir hier nicht vornehmen.

An dieser Stelle jedoch folgende Hinweise für Ihre Abwägung: Eine Modernisierung der sanitären Einrichtungen und die damit verbundene Vergrößerung des Badezimmers verbessern in aller Regel den Gebrauchswert der Wohnung. Die damit verbundene geringfügige Verkleinerung eines großen Wohnraums erscheint demgegenüber nicht als gravierender Nachteil. Die Richter des BGH hielten den Umbau eines Badezimmers sogar in einem Fall für vorteilhaft, in dem durch den Umbau eine Speisekammer wegfiel und zur Wohnung keine sonstigen Neben- oder Kellerräume mit Abstellmöglichkeit gehörten (BGH, Urteil v. 13.02.08, Az. VIII ZR 105/07).

Bessere Sanitäranlagen sind Wohnwertverbesserung

Fazit: In Ihrem Fall spricht vieles dafür, dass Ihr Mieter die geplante Modernisierung dulden muss. Denken Sie aber daran, die Maßnahmen Ihren Mietern spätestens 3 Monate vor Modernisierungsbeginn schriftlich und detailliert anzukündigen. Ohne eine solche Ankündigung brauchen Ihre Mieter die Arbeiten nicht zu dulden.

16
Kleinreparaturen: Welche Kosten muss mein Mieter zahlen?

Mein Mieter ruft mich wegen jeder Kleinigkeit an, sei es eine defekte Glühbirne, ein gerissener Rollladengurt oder der tropfende Wasserhahn. Kann ich nicht erwarten, dass er diese Arbeiten, die doch eigentlich kein Problem sind, selbst behebt?

Für Instandhaltung ist der Vermieter zuständig

Dass Ihr Mieter Reparaturen selbst vornimmt, auch wenn sie einfach durchzuführen sind, können Sie leider nicht einfordern. Nach der Regelung des Bürgerlichen Gesetzbuchs (BGB) sind nämlich Sie als Vermieter für die Instandhaltung der vermieteten Wohnung verantwortlich. Auch die Behebung der beschriebenen kleinen Defekte – man spricht hier von „Kleinreparaturen" – ist grundsätzlich Ihre Sache. So ohne Weiteres können Sie also nicht von Ihrem Mieter erwarten, dass er derartige Mängel selbst behebt. Es ist jedoch möglich, im Mietvertrag zu vereinbaren, dass der Mieter die Kosten solcher Kleinreparaturen in gewissem Umfang tragen muss. Viele Mietverträge enthalten entsprechende Kleinreparaturklauseln. Sie sind nur wirksam, wenn die Kostenlast des Mieters für jede einzelne Reparatur begrenzt und auch ein Jahreshöchstbetrag angegeben ist.

Musterformulierung: „Der Mieter trägt die Reparaturkosten bis zu 85 € pro Einzelfall. Pro Mietjahr ist der Aufwand für Kleinreparaturen für den Mieter auf maximal 8% der jährlichen Nettokaltmiete begrenzt."

Wenn Ihr Mietvertrag eine solche Klausel enthält, weisen Sie Ihren Mieter darauf hin, dass Sie auf seine Kosten einen Unternehmer mit der Behebung der Defekte beauftragen werden.

17
Muss ich das Wasserleitungssystem regelmäßig überprüfen lassen?

Mein Mieter verlangt von mir, dass ich die Wasserleitungen regelmäßig überprüfen lassen soll, um einem Wasserrohrbruch vorzubeugen. In der Nachbarschaft ist anscheinend vor kurzem ein Wasserschaden aufgetreten und er befürchtet Ähnliches in meinem Haus. Muss ich entsprechende Kontrollen durchführen lassen?

Nein. Ohne konkrete Anhaltspunkte, dass die Leitungen in Ihrem Haus schadhaft sein könnten, brauchen Sie das in den Wänden und Decken verlegte Rohrleitungsnetz nicht regelmäßig untersuchen zu lassen. Dies hat beispielsweise Anfang des Jahres das Landgericht Karlsruhe entschieden (LG Karlsruhe, Urteil v. 06.03.09, Az. 9 S 296/08).

Der Bundesgerichtshof hat in einem Fall, in dem es um die Kontrolle von Elektroleitungen ging, in gleicher Weise geurteilt (BGH, Urteil v. 15.10.08, Az. VIII ZR 321/07). Auch diese Leitungen brauchen Sie nicht vorbeugend und regelmäßig durch einen Fachmann inspizieren zu lassen.

Prüfungspflicht
bei konkreten
Anhaltspunkten
für Mängel

Nur wenn konkrete Umstände bereits auf einen Mangel hinweisen, sind Sie zu besonderen Prüfungs- und Überwachungsmaßnahmen verpflichtet. Das heißt: Kam es bereits zu einem oder gar mehreren Rohrbrüchen in Ihrem Haus, müssen Sie den Zustand der Rohre genauer untersuchen lassen und gegebenenfalls das Rohrleitungsnetz erneuern. Aus einem Wasserschaden in der Nachbarschaft lässt sich keine Prüfpflicht für Ihr Haus herleiten.

Mietgebrauch

18
Gartengestaltung im Frühjahr:
Was darf der Mieter und was darf er nicht?

Mein Mieter hat mir gesagt, dass er sich schon sehr auf den Frühling freue, weil er dann den „Garten von neu auf schön" machen möchte. Ein schöner Garten ist schön – nur fürchte ich, dass der Garten bei dem Enthusiasmus meines Mieters später kaum wiederzuerkennen sein wird. Und was ist eigentlich, wenn das Mietverhältnis irgendwann endet: Muss mein Mieter dann alles rückgängig machen?

Zunächst einmal gilt: Den gemieteten Garten, dessen Pflege er übernommen hat, darf ein Mieter nicht verwildern lassen. Was die Nutzung und Gestaltung angeht, so hat der Mieter aber einen großen Spielraum: Er darf beliebige Blumen säen und im üblichen Umfang Sträucher und kleinere Bäume pflanzen. Das im Garten wachsende Obst darf er ernten und verwenden. Außerdem darf ein Mieter in dem von ihm gemieteten Garten einen kleinen Teich, ein Gemüsebeet oder einen Komposthaufen anlegen oder einen Holzstoß lagern. Er darf einen üblichen Zaun zur Einfriedung und auch ein kleines Gartenhäuschen errichten. Selbst Bodenplatten darf er in geringem Umfang verlegen, wenn dadurch der Baumbestand nicht beeinträchtigt wird.

Ist das Mietverhältnis beendet, gilt für den Garten, was auch für die Mieträume gilt: Der Mieter muss den Zustand wiederherstellen, der bei Mietbeginn vorhanden war. Allerdings gibt es eine Ausnahme: Hat der Mieter mit Ihrer Zustimmung Bäume gepflanzt, können Sie deren Entfernung nicht mehr

Bei Mietende ist der ursprüngliche Zustand wiederherzustellen

von ihm verlangen, wenn die Bäume in der Zwischenzeit stark gewachsen sind.

19
Winterdienst – Was muss mein Mieter tun?

Mein Mieter ist zum Winterdienst verpflichtet.
Was heißt das genau?

Die konkreten Aufgaben, die der mit dem Winterdienst betraute Mieter erfüllen muss, richten sich nach der bei Ihnen gültigen Ortssatzung. Diese erhalten Sie in Ihrer Stadt- oder Gemeindeverwaltung. In der Regel gilt: Die Bürgersteige und der Zugang zum Haus müssen von morgens 7.00 Uhr bis abends 20.00 Uhr von Schnee geräumt und eisfrei gehalten werden. Bei Dauerschneefall sind die Räum- und Streuarbeiten beständig zu wiederholen. Nachts muss aber selbst dann nicht gestreut werden, wenn es schneit oder gefriert.

20
Darf mein Mieter
das Treppenhaus dekorieren?

Mein neuer Mieter hat einen Dekorations-Tick. Den
Herbstkranz an seiner Wohnungstür fand ich ja noch
schön, aber jetzt stellt er das halbe Treppenhaus mit
weihnachtlichen Nippes voll. Das darf er doch nicht,
oder? Auch wenn die übrigen Mieter sich nicht
beschweren?

Rechtlich gesehen darf Ihr Mieter das nicht. Der Hausflur dient als Gemeinschaftsraum allen Mietern, Angehörigen und Besuchern gleichermaßen dazu, den freien Zugang zu ihren Wohnungen sicherzustellen. Ein Recht zum Abstellen von persönlichen Einrichtungsgegenständen haben die Mieter nicht. Das weit verbreitete Abstellen der Schuhe oder gar eines Schuhregals vor der Wohnungstür ist ebenso unzulässig wie das Aufstellen von Pflanzen in Eigenregie. Dies gilt selbst dann, wenn sich alle Mieter einig sind oder sich in gleicher Weise verhalten.

Soweit die rechtliche Seite. Bevor Sie mit aller Schärfe des Gesetzes gegen Ihren Mieter vorgehen, lohnt es sich aber abzuwägen: Wird durch die Dekoration die Begehbarkeit des Treppenhauses erschwert? Wie sind die Platzverhältnisse? Wer ist für die Reinigung zuständig: eine Reinigungsfirma oder die Hausbewohner? Um was für ein Haus handelt es sich? Was in einem großen Wohn- und Geschäftshaus unzumutbar ist, kann in einem kleinen 3-Parteien-Wohnhaus anders angesehen werden. Und wie sehen das Ihre übrigen Mieter, die sich „nicht beschweren"?

Manchmal erhöhen Kompromisse den Hausfrieden

Wenn keine wichtigen Gründe für eine vollständige Entfernung der Dekoration sprechen, suchen Sie vielleicht mit Ihren Mietern einen Kompromiss zu Umfang und Art der Dekoration – als zeitlich begrenzten Versuch. Halten Sie sich offen, auf der Freihaltung des Treppenhauses zu bestehen, sobald es zu Unstimmigkeiten unter den Mietern oder anderen Problemen kommt.

21
Es wird Sommer: Darf ich störende Bäume des Nachbarn fällen lassen?

Ich besitze in Berlin eine vermietete Eigentumswoh-
nung mit Terrasse. Die Terrasse wird durch 3 Ahorn-
bäume eines nicht zur Gemeinschaft gehörenden
Nachbarn so stark verschattet, dass auf die Terrasse
auch in den schönsten Sommermonaten kein Sonnen-
licht fällt. Dies liegt auch an einem breiten Ast eines
der Bäume, der zu meiner Terrasse herüber gewachsen
ist. Mein Mieter hat sich schon im letzten Jahr darü-
ber beschwert. Wenn sich auch dieses Jahr nichts
ändert, will er die Miete mindern. Wie kann ich das
verhindern? Darf ich den Baum fällen lassen?

Das kommt darauf an, wie weit der Baum Ihres Nachbarn von
der Grundstücksgrenze entfernt ist. Wie in Berlin schreiben
die Nachbarschaftsgesetze der einzelnen Länder fest, dass
bestimmte Abstände einzuhalten sind. Danach müssen stark
wachsende Bäume, wie zum Beispiel die Rotbuche, einen
Abstand von 3 Metern aufweisen. Für andere Bäume, etwa
Ahornbäume, genügt ein Abstand von 1 bis 1,5 Metern. Und
für Hecken über 2 Meter Höhe ist ein Abstand von nur 1 Meter einzuhalten.

Prüfen Sie den
Abstand zum
Nachbargrund-
stück

Die Beseitigung des störenden Baums können Sie von Ihrem
Nachbarn nur verlangen, wenn dessen Abstand zur Grundstücksgrenze diesen Vorgaben nicht entspricht. Ist dies der
Fall und weigert sich Ihr Nachbar gleichwohl, können Sie
nach vorheriger Fristsetzung den Baum auch selbst fällen (lassen). Auf Kosten des Nachbarn, versteht sich.

Das Gleiche gilt für den störenden Ast. Und zwar unabhängig davon, ob der Baum Ihres Nachbarn in korrektem Abstand gepflanzt ist: Sind Sie als Immobilieneigentümer (und damit auch Ihr Mieter) hierdurch unverhältnismäßig beeinträchtigt (Schatten im Sommer, fallende Blätter im Herbst), können Sie von Ihrem Nachbarn verlangen, dass er seinen Baum stutzt und den Ast abschneidet. Verweigert Ihr Nachbar diese Maßnahmen, können Sie nach entsprechender Fristsetzung wiederum selbst tätig werden und die Erstattung Ihrer Kosten – notfalls gerichtlich – verlangen (§ 910 Abs. 1 Satz 2 BGB). Das gilt übrigens auch, wenn Sie durch Wurzeln vom Nachbargrundstück beeinträchtigt werden.

Beeinträchtigung müssen Sie nicht hinnehmen

22
Darf ich vorbeugend Videoüberwachung im Mietshaus installieren?

In einem meiner Mietshäuser wünscht die Mehrheit der Mieter, dass ich in den Aufzügen Videokameras anbringen lasse. Sie fühlen sich angesichts zahlreicher unbekannter Personen verunsichert. Allerdings ist noch nie etwas passiert. Kann ich vorbeugend tätig werden?

Videokameras im Mietshaus greifen in das Persönlichkeitsrecht Ihrer Mieter ein. Ihre Installation ist daher nur zulässig, wenn es bereits zu erheblichen Beeinträchtigungen gekommen ist.

Sollen Kameras, wie in Ihrem Fall, nur vorbeugend eingesetzt werden, machen die meisten Richter nicht mit. Keine Gefahr:

Keine Probleme
bei Einverständ-
nis der Bewoh-
ner
Installieren Sie Kameras nur bei Einstimmigkeit. Eine Ausnahme besteht jedoch: Auch ohne dass eine konkrete Gefahrensituation in Ihrem Mietshaus besteht, können Sie vorbeugend eine Videoanlage montieren lassen, wenn sich ausnahmslos alle Ihre Mieter mit der Überwachung einverstanden erklären.

Ein Mehrheitswunsch, wie in Ihrem Fall, genügt dazu aber nicht. Hat auch nur ein Mieter seine Zustimmung verweigert, unterlassen Sie die Installation. Denn jeder Mieter, der nicht ausdrücklich eingewilligt hat, kann sich später auf die Beeinträchtigung seines Persönlichkeitsrechts berufen. Wenn das Gericht im Prozess den Rechten dieses Mieters dann den Vorrang vor Ihren und den Schutzinteressen der übrigen Mieter einräumt, müssen Sie die ganze Installation wieder abbauen.

Tipp: Sie können alle Mieter einzeln um Zustimmung zur Videoüberwachung bitten – in Ihrem eigenen Interesse am besten schriftlich. Begründen Sie dabei ausführlich, warum Sie die Videoanlage installieren wollen, wo die einzelnen Kameras vorgesehen sind und in welchem zeitlichen Umfang sie in Betrieb genommen werden sollen. Ebenso haben die Mieter ein Recht zu erfahren, ob und wie lange die Aufnahmen gespeichert werden.

23
Gartenpflege – Welche Arbeiten muss mein Mieter machen?

Mit dem Erdgeschossmieter meines Mietshauses habe ich dies vereinbart: „Der Mieter ist berechtigt, den Garten zu nutzen. Er verpflichtet sich, ihn ordnungsgemäß zu pflegen." In den nunmehr 3 Jahren hat der Mieter die Beete einigermaßen gepflegt, aber im Rasen das Unkraut wachsen lassen. Er hält das für einen „Naturgarten". Den Rasen hat er kein einziges Mal vertikutiert oder gedüngt. Kann ich den Mieter jetzt im Frühling zu diesen Arbeiten verpflichten? Kann ich auch einen Gärtner bestellen und dem Mieter die Kosten auferlegen?

Die Gartenpflege ist ein heikles Thema, bei dem Vermieter und Mieter häufig gegensätzliche Vorstellungen haben. Deshalb empfiehlt es sich, hierzu sehr konkrete Vereinbarungen im Mietvertrag (oder in einer dazugehörigen Anlage) zu treffen. Beispielsweise: „Der Mieter verpflichtet sich, den Rasen jährlich zu vertikutieren und 2-mal pro Jahr zu düngen. Vertikutierer und Düngematerial stellt der Vermieter zur Verfügung." Wird im Mietvertrag – wie in Ihrem Fall – der Mieter nur ganz allgemein zur Gartenpflege verpflichtet, können Sie nur einfache Pflegearbeiten von ihm verlangen wie das Rasenmähen oder Laubharken. Vertikutieren und düngen muss er im Rahmen allgemeiner Gartenpflege nicht.

Regelmäßige Arbeiten sind Gartenpflege

Außerdem geben die Gerichte dem Mieter einen weiten Spielraum hinsichtlich der Gartengestaltung. Selbst eine Wiese mit Wildkräutern gilt den Juristen noch als ordnungsgemäß

gepflegter Garten und wird nicht als Vernachlässigung angesehen. Dies wurde etwa vom Landgericht Köln entschieden
(LG Köln, Urteil v. 21.10.10, Az. 1 S 119/09).

Fazit: Ist die Gartenpflege Sache Ihres Mieters und hält er sich
im Rahmen der von den Gerichten zulässigen „naturnahen"
Gestaltung, dürfen Sie gegen den Willen Ihres Mieters keinen
Gärtner bestellen. Selbst wenn Ihr Mieter akzeptiert, dass Sie
einen Gärtner beauftragen, braucht er, da er seine Gartenpfle-
gepflicht nicht verletzt hat, die entstehenden Kosten nicht zu
tragen.

Diese Arbeiten können Sie als allgemeine Pflegearbeiten von
Ihrem Mieter verlangen:

- Rasen mähen
- Laub harken
- Beete umgraben
- Unkraut beseitigen

Diese Arbeiten braucht Ihr Mieter nur bei besonderer Vereinbarung zu erledigen:

- Rasen vertikutieren
- Rasen oder Pflanzen düngen
- Bäume und Büsche beschneiden
- Hecke stutzen
- Pflanzen erneuern
- Stauden teilen

24
Muss ich Werbepost
in meinem Mietshaus gestatten?

In meinem Mietshaus wird in regelmäßigen Abstän-
den Werbematerial vor die Briefkästen bzw. in den
Hausflur gelegt. Vor allem die vielen Kataloge für
meine Gewerbemieter stören mich. Dabei wandern die
meisten Werbesendungen ohnehin in den Müll. Kann
ich meine Mieter verpflichten, dass sie dieser Unsitte
Einhalt gebieten, bzw. kann ich vielleicht auch selbst
gegen die Werbetreibenden vorgehen?

Leider nein. Ihr Mieter muss die Möglichkeit haben, sich unge-
hindert informieren zu können; er hat also gewissermaßen ein
„Recht auf Werbung". Dieses Recht können Sie ihm auch nicht
durch eine Vereinbarung im Mietvertrag nehmen. Selbst wenn
die Briefkästen zeitweise vor Werbung „überquellen" – gegen
mietvertragliche Pflichten verstößt Ihr Mieter nicht.

Mieter haben ein Recht auf Werbung

Auch gegen den Werbetreibenden haben Sie keine Handhabe,
wie der Bundesgerichtshof (BGH) entschieden hat. Im Fall
waren es dicke Branchenbücher, die nicht in die Briefkästen
passten und deshalb in das Treppenhaus gelegt wurden. Die
Richter stellten klar, dass Sie als Eigentümer zwar grundsätzlich das Ablegen irgendwelcher Gegenstände auf Ihrem
Grundstück verbieten können. Dies gelte jedoch dann nicht,
wenn Sie vermietet haben, denn die Mieter könnten am Werbematerial ja Interesse haben.

Der BGH stellte aber auch klar: Weder darf es zu einer Ver-
müllung des Hausflurs noch zu einer Behinderung beim Bege-

hen der Treppe kommen. Hält sich der Werbetreibende an diese Vorgaben nicht, können Sie ihm die Werbung bei sich auch im vermieteten Gebäude verbieten (BGH, Urteil v. 10.11.06, Az. V ZR 46/06).

25
Welche Rechte hat
mein Mieter beim Briefkasten?

In meinem Mietshaus sind die Briefkästen der Mieter im Eingangsbereich angebracht. Einer meiner Mieter möchte seinen Briefkasten nun direkt an seiner Wohnungstür haben. Dies sei für ihn bequemer, außerdem meint er, der vorhandene Briefkasten sei sowieso zu klein. Nach Auskunft des Mieters habe der Postzusteller insoweit keine Einwände. Auch andere Mieter möchten nun neue Briefkästen haben. Muss ich diesem Wunsch entsprechen?

Klare Antwort: Nein! Anders wäre es aber, wenn Briefkästen für die Mieter bislang nicht vorhanden wären. Dann wären Sie als Vermieter verpflichtet, Briefkästen anzubringen, wobei Sie deren Ort allein bestimmen könnten. In diesem Fall dürfte es aber auch nicht möglich sein, dass die Post durch einen Türschlitz direkt in die Wohnung des Mieters geworfen werden kann.

DIN-A4-Post muss empfangen werden können

Was die Größe des Briefkastens angeht, so hat das Amtsgericht Berlin-Charlottenburg entschieden, in den Mieter-Briefkasten müssten auch DIN-A4-Umschläge und Zeitschriften ohne Knick geworfen werden können. Danach muss der Einwurfschlitz also mindestens 325 mm breit sein (AG Berlin-Charlottenburg, Urteil v. 16.05.01, Az. 27 C 262/00).

Zwar wird diese Meinung nicht von allen Gerichten geteilt, doch wären Sie nur bei Beachtung dieser Vorgabe auf der wirklich sicheren Seite.

Übrigens: Aufkleber mit dem Aufdruck „keine Werbung" o. Ä. darf Ihr Mieter an seinen Briefkasten kleben. Selbst dann wenn dies den optischen Eindruck der Briefkästen verschlechtert. Bei Mietende muss er den Aufkleber aber wieder entfernen!

26
Darf mein Mieter
ohne Erlaubnis Blumenkästen anbringen?

Mein Mieter ist ein Blumenfreund. Nicht nur in seiner Wohnung hat er eine Unzahl an Gewächsen aufgestellt, sondern auch vor den Außenfenstern in von ihm selbst angebrachten Blumenkästen. Bisher hatte ich nichts dagegen, doch jetzt ist mir dies nicht mehr so recht. Ich fürchte auch, dass bei Sturm die Kästen herabfallen und Menschen verletzen könnten. Ich möchte meinem Mieter dies nun untersagen, bevor er jetzt im Frühjahr die Kästen neu bepflanzt. Darf ich das?

Ja, das dürfen Sie! Was die Bepflanzung innerhalb der Wohnung angeht: Dies ist Sache des Mieters. Allerdings nur solange hierdurch Ihr Eigentum nicht geschädigt wird. Käme es wegen der hohen Feuchtigkeitsentwicklung durch die Pflanzen zu einer Bildung von Schimmel, könnten Sie Ihrem

Mieter die Beseitigung der Pflanzen verlangen. Außerhalb seiner gemieteten Räume darf Ihr Mieter nur mit Ihrer Einwilligung als Vermieter Pflanzen aufstellen.

Fenster-Außenflächen sind nicht mitvermietet

Dies betrifft zum einen das Treppenhaus, in das der Mieter deshalb keine Gewächse stellen darf. Nach Meinung der meisten Gerichte ist aber auch die Fläche vor den Außenfenstern nicht mitvermietet, weshalb Blumen und Blumenkästen vom Mieter nicht angebracht werden dürfen. 2 wichtige Gründe sprechen hierfür: Passanten können gefährdet werden und Ihre Hausfassade kann durch abgespülte Erde verschmutzt werden. Dass Sie die Bepflanzung zunächst geduldet haben, steht Ihrem späteren Verbot nicht entgegen, solange sie Ihrem Mieter nicht ausdrücklich erlaubt worden ist.

Achtung: Sind bei Vermietung bereits Blumenkästen an den Fenstern angebracht oder sind die baulichen Voraussetzungen hierfür bereits vorhanden, sieht die Sache aber anders aus: In einem solchen Fall gilt die Bepflanzung als mietvertraglich gestattet!

27
Kann ich randalierenden Besuchern das Betreten des Grundstücks verbieten?

Einer meiner Mieter bekommt regelmäßig Besuch von einem jungen Mann, der immer wieder beim Kommen und Gehen im Treppenhaus lärmt und andere Bewohner anpöbelt. Mehrere Hausbewohner haben sich schon beschwert. Den Mieter habe ich bereits auf diese unakzeptable Situation angesprochen – ohne Erfolg. Kann ich dem Mann Hausverbot erteilen?

Ja. Als Eigentümer steht Ihnen das Hausrecht an Ihrem Grundstück und Gebäude zu. Das heißt, Sie können jedem, der nicht Mieter oder Bewohner Ihres Hauses ist, das Betreten von Haus und Grundstück untersagen – normalerweise sogar ohne Angabe von Gründen.

Handelt es sich aber, wie in Ihrem Fall, um Besucher oder andere Personen, die Ihr Mieter empfangen will, dürfen Sie diese nur in begründeten Fällen des Grundstücks verweisen. Denn prinzipiell hat ein Mieter das Recht, selbst zu entscheiden, wen er in die gemietete Wohnung hereinlassen will. Verhält sich ein Besucher des Mieters aber, wie von Ihnen geschildert, müssen Sie dies keinesfalls hinnehmen. Stört er nämlich den Hausfrieden und belästigt Mitbewohner, können Sie ihm auch gegen den Willen Ihres Mieters den Zutritt verbieten. Notfalls sogar unter Zuhilfenahme der Polizei.

Vermieter hat eingeschränktes Hausrecht

Von Ihrem Mieter können Sie erwarten, dass er seinen Besucher zu anständigem, den Hausfrieden achtendem Verhalten anhält. Sorgt Ihr Mieter trotz Ihrer eindringlichen Aufforde-

Mieter muss auf seine Besucher einwirken

rung nicht dafür, dass die Belästigungen durch seinen Besucher aufhören, können Sie ihm kündigen – unter Umständen sogar fristlos. Denken Sie in einem solchen Fall daran, Ihren Mieter zuvor schriftlich abzumahnen und ausdrücklich darauf hinzuweisen, dass Sie fristlos kündigen werden, wenn die Störungen durch seinen Besucher nicht aufhören.

Betriebs-
&
Heizkosten

28
Kann ich jetzt erstmals (richtig) abrechnen?

*Ich habe eine Wohnung geerbt. Der jetzige Mieter
wohnt dort inzwischen 6 Jahre. Im Mietvertrag sind
Betriebskostenvorauszahlungen in Höhe von 120 €
vereinbart. Diese hat der Mieter auch immer gezahlt,
der vorherige Vermieter hat jedoch nie eine Abrechnung erstellt. Die Vorauszahlungen decken die tat-
sächlichen Betriebskosten aber nicht. Darf ich nun
abrechnen und vom Mieter Nachzahlungen verlangen?*

Sie haben Glück. Auch wenn mehrere Jahre lang keine
Betriebskostenabrechnung erstellt wurde, können Sie jetzt mit
der Umlage der Betriebskosten beginnen und vom Mieter
Nachzahlungen für die vergangene Abrechnungsperiode fordern. Für Abrechnungszeiträume, die bereits länger als ein
Jahr zurückliegen, können Sie Nachforderungen allerdings
nicht mehr geltend machen.

Einen vergleichbaren Fall hat Anfang des Jahres der BGH entschieden (BGH, Urteil v. 13.02.08, Az. VIII ZR 14/06). Dort
war trotz entsprechender Vereinbarung sogar 20 Jahre lang
nicht abgerechnet worden. Als der neue Vermieter abrechnete,
verweigerten die Mieter die geforderten Nachzahlungen. Sie
behaupteten, durch das Verhalten der vorherigen Vermieterin
sei die ursprüngliche Vereinbarung von Vorauszahlungen im
Mietvertrag stillschweigend abgeändert worden und eine
Abrechnung jetzt nicht mehr zulässig.

*BGH: Untätigkeit
führt nicht zur
Vertragsände-
rung*

Der BGH gab jedoch dem Vermieter Recht: Allein aus dem
langjährigen Unterlassen von Abrechnungen könnten die

Mieter nicht ableiten, dass ihre Vermieterin den Willen hatte, die schriftliche Vereinbarung zu ihrem eigenen Nachteil abzuändern und in Zukunft auf die Abrechnung der Betriebskosten zu verzichten. Nur wenn weitere Umstände hinzukommen, kann in Ausnahmefällen aus dem bloßen Untätigbleiben eine Vertragsänderung abgeleitet werden. Im entschiedenen Fall konnten die Mieter jedoch keine anderen Anhaltspunkte für einen derartigen Willen der Vermieterin vorbringen.

Keine Verwirkung allein durch Zeitablauf

Zwar kann ein Recht verwirkt sein, wenn der Vermieter es über einen längeren Zeitraum nicht geltend macht und der Mieter sich darauf einrichten darf, dass das Recht auch in Zukunft nicht geltend gemacht wird. Aber auch hier reicht Untätigkeit über einen längeren Zeitraum allein nicht aus, sondern der Vermieter muss etwas gesagt oder getan haben, was den Mieter darauf vertrauen lässt, dass keine Ansprüche mehr gestellt werden.

29
Kann ich für verschiedene Betriebskosten unterschiedliche Abrechnungszeiträume haben?

Ich habe ein Mietshaus erworben. Der vorige Vermieter hat über die Heiz- und Betriebskosten immer getrennt abgerechnet, Heizkosten im Sommer, übrige Betriebskosten nach der Jahreswende. War das überhaupt zulässig? Muss ich das so weitermachen, oder darf ich über alle Kosten einheitlich am Ende eines Kalenderjahres abrechnen?

Prinzipiell ist es zulässig, über die Heiz- und Warmwasserkosten und über die übrigen Betriebskosten separate Abrechnungen zu unterschiedlichen Zeitpunkten zu erstellen. Voraussetzung ist aber, dass die Mieter auch 2 separate Vorauszahlungsbeträge leisten. Im Mietvertrag müssten also getrennte Beträge für die „warmen" und die „kalten" Betriebskosten ausgewiesen sein.

Außerdem darf der Abrechnungszeitraum natürlich auch bei getrennter Abrechnung für jede Betriebskostenart nur ein Jahr betragen. Falls im Mietvertrag hierzu nicht ausdrücklich etwas anderes vereinbart ist, können Sie die Abrechnungen in Zukunft in einer Gesamt-Jahresabrechnung zusammenfassen. Welchen Abrechnungszeitraum Sie wählen, können Sie dabei frei entscheiden. Es kann das Kalenderjahr sein, aber auch der bisher für die Heizkostenabrechnung praktizierte Jahreszeitraum oder ein anderer 12-Monats-Zeitraum, der Ihnen günstig erscheint.

Abrechnungsperiode muss nicht das Kalenderjahr sein

Der BGH hat erst entschieden, dass eine Gesamt-Jahresabrechnung für den Zeitraum 01.01. bis 31.12. auch dann zulässig ist, wenn die Verbrauchserfassung für Heizung und Warmwasser durch ein beauftragtes Unternehmen immer für den Zeitraum 01.08. bis 31.07. erfolgt (BGH, Urteil v. 30.04.08, Az. VIII ZR 181/07). Sie dürfen also die komplette Heizkostenabrechnung in Ihre Jahresabrechnung aufnehmen und sind nicht verpflichtet, sie per Schätzung oder mit Hilfe einer zusätzlichen Verbrauchserfassung auf das Kalenderjahr umzurechnen. Sinnvoll ist es, Ihre Mieter rechtzeitig vorher von der Umstellung der Abrechnung zu informieren.

30
Wie erhöhe ich eine Betriebskostenpauschale?

Ich habe im Jahr 2002 eine Betriebskostenpauschale für die Betriebskosten ohne Heizung, Warm- und Kaltwasser vereinbart. Über diese Kosten rechne ich nicht gegenüber dem Mieter ab. Kann ich diese Pauschale erhöhen?

Sie können die Pauschale nur dann erhöhen, wenn Sie die Erhöhungsmöglichkeit bereits im Mietvertrag vereinbart haben. Andernfalls bleibt – so misslich das für Sie auch ist – trotz steigender Kosten die einmal vereinbarte Pauschale verbindlich. Außerdem muss aus dem Vertrag klar erkennbar sein, welche einzelnen Betriebskostenpositionen von der Pauschale erfasst werden, beispielsweise durch Verweis auf § 2 Betriebskostenverordnung oder durch Aufzählung der jeweiligen einzelnen Betriebskosten.

Sind die genannten Voraussetzungen erfüllt, können Sie die Pauschale erhöhen, wenn Ihre Gesamtbelastung durch die von der Pauschale erfassten Betriebskosten jetzt höher ist als beim Mietvertragsabschluss. Einzelne Betriebskostenarten können sich ruhig ermäßigt haben, sofern sich in der Summe eine Kostenerhöhung feststellen lässt.

Erhöhungsbetrag ist genau zu erläutern

Hierzu müssen Sie Ihrem Mieter die früheren und die aktuellen Gesamtkosten mitteilen und auch erläutern, wodurch jeweils die Kostensteigerungen zustande gekommen sind, etwa durch Gebührenerhöhungen oder Mehrverbrauch. Den Gesamterhöhungsbetrag können Sie anteilig an Ihren Mieter

weitergeben, und zwar entsprechend dem Anteil seiner Wohnfläche an der Gesamtwohnfläche des Gebäudes. Ihr Mieter hat
die erhöhte Pauschale mit Beginn des übernächsten Monats
nach Ihrer Mitteilung zu zahlen. Ein entsprechendes Muster-
schreiben können Sie im Internet unter www.vermieterrecht-
vertraulich.de herunterladen.

31
Bruttowarmmiete: Wie rechne ich über die „warmen" Betriebskosten ab?

Ich habe ein Mietshaus erworben. Bei den Mietverträ-
gen sind alle Nebenkosten, sogar die Heizkosten, in
der Monatsmiete enthalten. Kann ich die Mieten
umstellen auf Nettokaltmieten und dann die Betriebs-
kosten gesondert abrechnen?

Eine komplette Umstellung der Mietstruktur von Bruttomiete
auf Nettokaltmiete plus Betriebskostenvorauszahlung können
Sie nur mit Zustimmung Ihres Mieters vornehmen. Anders
sieht es bei Betriebskosten aus, deren Verbrauch erfasst wird.

Für die Heiz- und Warmwasserkosten schreibt die Heizkostenverordnung eine Abrechnung nach Verbrauch vor. Sie sind
also nicht nur berechtigt, sondern sogar verpflichtet, die Bruttowarmmiete in eine Bruttokaltmiete mit separater Abrechnung über die Heizkosten umzuwandeln. Eine Zustimmung
Ihrer Mieter ist nicht erforderlich. Es genügt, dass Sie Ihren
Mietern vor Beginn der von Ihnen gewählten Abrechnungsperiode in Textform mitteilen, dass Sie die Heiz- und Warmwasserkosten in Zukunft nach den Vorschriften der Heizkos-

*Heizkostenver-
ordnung ver-
pflichtet zu ver-
brauchsabhängi-
ger Abrechnung*

tenverordnung verbrauchsabhängig abrechnen werden. Voraussetzung ist natürlich, dass Ihre Wohnungen komplett mit Erfassungsgeräten für Heizung und Warmwasserverbräuche ausgestattet sind.

Müssen Sie diese Geräte noch installieren lassen, können Sie ohne Zustimmung der Mieter wählen, welche Art von Messgeräten Sie verwenden wollen. Die notwendigen Arbeiten müssen Ihre Mieter dulden. Selbstverständlich müssen Sie nun die bisherige Bruttomiete um den Heizkostenanteil kürzen. Verteilen Sie dazu die für das gesamte Gebäude im vergangenen Jahr angefallenen Heizkosten nach den Anteilen der Wohnfläche zur Gesamtwohnfläche des Gebäudes auf die einzelnen Mietparteien. Die Differenz zwischen der bisherigen Bruttowarmmiete und dem der einzelnen Wohnung zugerechneten Heizkostenanteil stellt die neue zu zahlende Bruttokaltmiete dar. Den Heizkostenanteil verbuchen Sie jeweils als Heizkostenvorauszahlung.

Verbrauchsabhängige Abrechnung von Wasser- und Müllgebühren ist möglich

Werden Verbräuche oder Verursachungsanteile der einzelnen Mietparteien auch bei Kaltwasser oder Müll gesondert erfasst, können Sie diese Kosten ebenfalls aus der bisherigen Bruttowarmmiete herausrechnen und künftig verbrauchsabhängig abrechnen, § 556a BGB. Eine Verpflichtung hierzu besteht – anders als bei Heizkosten – aber nicht.

32
Muss ich ein Betriebskosten-Guthaben verzinsen?

Vor kurzem habe ich die Betriebskostenabrechnung für das letzte Jahr erstellt. Diese ergab ein Guthaben meines Mieters in Höhe von rund 290 €. Mein Mieter verlangt nun, dass ich ihm das Guthaben seit Ende des Abrechnungszeitraums verzinse. Muss ich das?

Nein. Anders wäre es nur dann, wenn der Mieter Ihnen für die Auszahlung seines Guthabens eine Frist gesetzt hätte. Zahlten Sie dann nicht, könnte er ab Fristlauf Verzugszinsen von Ihnen fordern. Lassen Sie sich also nicht unter Druck setzen: Sie entscheiden allein, wann Sie abrechnen. Erwarten Sie, dass Ihre Abrechnung ein Guthaben des Mieters erbringt, ist es völlig legitim, wenn Sie erst am Ende der Abrechnungsfrist abrechnen. Eine frühere Abrechnung kann der Mieter nicht von Ihnen fordern – und auch keine Zinsen.

33
Vorsicht Falle: Kann ich (einvernehmlich) die Abrechnungsfrist verlängern?

Ich weiß, dass ich jährlich über die Betriebskosten abrechnen muss. Da ich für meinen Gewerberaummieter, eine Arztpraxis, nach dem Mietvertrag aber nur alle 2 Jahre eine Abrechnung zu erstellen habe, hatte ich mich mit dem Wunsch, dies auch bei der Wohnung so zu handhaben, an meinen Mieter gewandt. Dieser war damit einverstanden, zumal wir im Mietvertrag zu sei-

nen Gunsten seine Einwendungsfrist ebenfalls auf
2 Jahre verlängert haben. Nun, nach meiner ersten
Abrechnung, weigert er sich, eine sich ergebende Nach-
forderung zu bezahlen. Er meint, unsere Vereinbarung
im Mietvertrag sei unwirksam. Hat er Recht?

Ihr Fall zeigt, wie tückisch das Mietrecht für Vermieter sein kann, denn: Ihr Mieter hat Recht. Auch wenn Sie mit ihm eine verlängerte Abrechnungsfrist vereinbart haben, so ist diese Vereinbarung dennoch unwirksam. Und das bedeutet für Sie konkret: Es gilt die einjährige Frist mit der Folge, dass ein Vermieter eine Nachforderung nicht mehr erheben kann, wenn er danach abrechnet.

Für den Mieter nachteilige Vereinbarungen sind unwirksam

Wie so häufig im Mietrecht meint der Gesetzgeber auch hier, dass Wohnungsmieter vor sich selbst zu schützen sind. Deshalb bestimmt § 556 Abs. 4 BGB, dass jede für den Mieter nachteilige Vereinbarung über die Abrechnungsfrist unwirksam ist. Und die Gerichte meinen, dass sowohl eine Verkürzung als auch eine Verlängerung der Abrechnungsfrist für Mieter nachteilig und damit unwirksam ist. Und zwar auch dann, wenn die Einwendungsfrist des Mieters insoweit zu seinen Gunsten angepasst bzw. verlängert wird.

Anders ist es bei Gewerberäumen

Wohlgemerkt: Das Vorstehende gilt nur für die Vermietung von Wohnungen. Vermieten Sie Gewerberäume, können Sie hier eine Vereinbarung sowohl über die Abrechnungs- als auch über die Einwendungsfrist treffen. Die Regelung, wonach Sie für die Arztpraxis nur alle 2 Jahre abrechnen müssen, ist also wirksam. Vorsicht: Manche Wohnungsmieter, denen die geschilderte Rechtslage bekannt ist, versuchen, ihre Vermieter aufs Glatteis zu führen und sich eine Nachzahlung zu ersparen.

Der Trick: Gegen Ende des Jahres wird dem Vermieter oder seiner Verwaltung angeboten, dass auch eine spätere Abrechnung akzeptiert werde, sich also niemand auf den letzten Drücker hetzen müsse. Spätestens wenn der Mieter dies auch noch schriftlich oder im Beisein von Zeugen erklärt, wähnen sich Vermieter leicht auf der sicheren Seite – und erleben dann ein böses Erwachen, wenn der Mieter später eine Nachzahlung unter Hinweis auf § 556 Abs. 4 BGB ablehnt.

Schützen Sie sich vor den Tricks der Mieter und vermeiden Sie Rechtsnachteile

Tipp: Um Rechtsnachteile für sich auszuschließen, treffen Sie keine Vereinbarung mit Ihren Mietern, die von den Vorschriften des Gesetzes zur Betriebskostenabrechnung abweicht.

34
Ist es sinnvoll, mich bei Betriebskosten-Streitigkeiten mit dem Mieterverein auseinanderzusetzen?

Die Abrechnungsperiode für Betriebskosten geht bei mir vom 01.07 bis 30.06. Bei der vorletzten Betriebskostenabrechnung hatte sich der örtliche Mieterverein für meinen Mieter gemeldet, mit dem ich mich dann über Monate gestritten habe. Aus diesem Grund habe ich die letzte Betriebskostenabrechnung am 20.06 direkt dem Mieterverein zugestellt. Mein Mieter behauptet nun, nicht nachzahlen zu müssen, da er die Abrechnung nicht innerhalb der Jahresfrist erhalten habe.

Ihr Mieter hat Recht. Diese Konstellation kommt in der Praxis häufig vor und ist für den Vermieter ziemlich tückisch, denn:

Die Mietervereine beraten ihre Mitglieder und führen auch oft die Korrespondenz mit deren Vermietern. Jedoch sind die Mietervereine – und das ist entscheidend – meistens nicht zur Entgegennahme von Willenserklärungen ermächtigt. Und das wiederum bedeutet, dass Sie Schreiben an den Mieter nicht über dessen Mieterverein wirksam zustellen können. Anders ist es nur, wenn der Mieterverein Ihnen seine Bevollmächtigung diesbezüglich ausdrücklich anzeigt, etwa indem er erklärt: „Ihr Mieter wird von uns vertreten, bitte führen Sie sämtliche Korrespondenz in dieser Sache ausdrücklich über uns."

Richten Sie alle Schreiben an den Mieter selbst

Doch selbst, wenn Sie eine solche Mitteilung des Mietervereins zu Ihrer vorletzten Betriebskostenabrechnung erhalten hätten, würde diese nicht darüber hinauswirken. Zur Entgegennahme Ihrer letzten Betriebskostenabrechnung war der Mieterverein also in keinem Fall berechtigt. Darauf, dass der Mieterverein Ihre Abrechnung innerhalb der 1-jährigen Abrechnungsfrist erhalten hat, kommt es also nicht an. Entscheidend ist nur, wann sie der Mieter selbst erhalten hat. Diese Problematik tritt auch bei Abmahnungen, Kündigungen, Mieterhöhungen sowie Modernisierungsankündigungen auf. In allen diesen Fällen ist erforderlich, dass der Mieter sie nachweislich erhalten hat – und dies ist bei Zustellungen über den Mieterverein zwar im Einzelfall möglich, im Regelfall jedoch nicht. Das Risiko und das Nachsehen haben dann Sie. Tipp: Auch wenn für Ihren Mieter in der Vergangenheit ein Mieterverein in Aktion getreten ist, richten Sie stets alle Schreiben nur an Ihren Mieter selbst. Durch die direkte Korrespondenz mit Ihrem Mieter beugen Sie Rechtsnachteilen vor. Dem steht nicht entgegen, dass Sie dem Mieterverein zur Beschleunigung der Auseinandersetzung Kopien Ihrer Schreiben machen und zustellen können.

Wichtig: Das Gleiche gilt grundsätzlich auch für einen Anwalt, der sich für Ihren Mieter in einer bestimmten Angelegenheit eingeschaltet hat. Zwar ist dieser für diese Angelegenheit auch zur Entgegennahme von Willenserklärungen bevollmächtigt, weshalb Sie in diesem Fall Schreiben direkt an ihn richten können. Jedoch müssen Sie auch hier beachten, dass sich seine Bevollmächtigung stets nur auf die laufende Sache bezieht.

35
Vorauszahlungen zu niedrig angesetzt – Muss mein Mieter trotzdem nachzahlen?

Da die Betriebskostenvorauszahlungen von mir recht niedrig angesetzt waren, der Mieter aber viel verbraucht hat, ist jetzt eine erhebliche Nachzahlung fällig. Mein Mieter meint, ich hätte ihn über die Höhe der entstehenden Betriebskosten getäuscht und er brauche jetzt nicht zu zahlen. Das kann doch nicht sein, oder?

Immer wieder glauben Mieter, die Nachzahlung verweigern zu können, wenn sie von ihrer Höhe überrascht sind. Doch auch wenn die Nachzahlung die geleisteten Vorauszahlungen um ein Vielfaches überschreitet, muss Ihr Mieter zahlen. Der BGH hat in mehreren Entscheidungen betont, dass ein Mieter nicht ohne weiteres darauf vertrauen darf, dass die im Mietvertrag vereinbarten Vorauszahlungen die entstehenden Betriebskosten im Großen und Ganzen decken (BGH, Urteil v. 28.04.04, Az. XII ZR 21/02; v. 11.02.04, Az. VIII ZR 195/03 sowie v. 09.12.09, Az. XII ZR 109/08).

Mieter trägt das Kalkulationsrisiko

Nur wenn Sie besonderes Vertrauen in die Angemessenheit der Vorauszahlungen geweckt haben, braucht der Mieter ausnahmsweise nicht die gesamten Nachzahlungen zu leisten. Beispiele: Der Vermieter betont bei den Vertragsverhandlungen auf Nachfrage des Mieters wahrheitswidrig, dass die Betriebskosten nicht höher liegen werden. Oder im Vertrag steht: „Die angemessenen Vorauszahlungen betragen x €."

36
Wasserzähler – Muss mein Mieter Messdifferenzen hinnehmen?

Bei der Ablesung der Wasseruhren für 2009/10 hat sich eine enorme Differenz von 18% zwischen der Summe aller 5 Einzelzähler und dem Hauptzähler ergeben. Dabei sind alle Wasseruhren erst 2 Jahre alt. Die städtischen Wasserbetriebe haben mir eine Überprüfung der Wasseruhren angeboten, deren Kosten sich auf etwa 200 € belaufen würde. Kann ich diese Kosten auf die Mieter umlegen? Und bis zu welcher Höhe müssen die Mieter solche Messdifferenzen eigentlich hinnehmen?

In dieser Frage sind die Gerichte großzügig: Messdifferenzen von 20%, in Einzelfällen sogar von bis zu 25% halten die Richter für zulässig (zum Beispiel LG Duisburg, Beschluss v. 22.02.06, Az. 13 T 9/06). Der in Ihrem Fall festgestellte Unterschied zwischen dem Haupt- und den Einzelzählern in Höhe von 18% kann daher von Ihren Mietern nicht beanstandet werden.

Erfahrungsgemäß treten solche Abweichungen zwangsläufig auf und haben mit Messfehlern nichts zu tun. Vielmehr hängen sie mit technischen Unterschieden zwischen den beiden Zählerarten zusammen: Die Einzelwasseruhren sprechen bei geringem Wasserdurchfluss oft nicht sofort an, selbst wenn sie neu und technisch einwandfrei sind. Ein Hauptwasserzähler reagiert demgegenüber sehr empfindlich auch bei geringem Wasserverbrauch.

Doch Vorsicht: Die Kosten für die Überprüfung der Wasserzähler können Sie aus 2 Gründen nicht in Ihrer Betriebskostenabrechnung umlegen. Zum einen handelt es sich nicht um regelmäßig wiederkehrende Kosten, sondern um einmalige Aufwendungen. Zum anderen würde eine Überprüfung gegen das Wirtschaftlichkeitsgebot verstoßen, da die Überprüfung, wie dargelegt, nicht sinnvoll ist. Im Ergebnis müssen Ihre Mieter die Messdifferenzen also akzeptieren; die Kosten für eine Überprüfung der Zähler brauchen sie jedoch nicht als Betriebskosten zu tragen.

Prüfung der Wasseruhren können Sie nicht weiterberechnen

In Ihrer Abrechnung teilen Sie die gesamten Wasserkosten durch die Summe der von den Einzelwasserzählern gemessenen Verbräuche. Das Ergebnis multiplizieren Sie für jede Mietpartei mit dem vom entsprechenden Einzelzähler gemessenen Verbrauch. So trägt jeder Mieter einen verbrauchsgerechten Anteil an der Messdifferenz.

So verteilen Sie die Messdifferenz gerecht nach Verbrauch

37
Muss ich Kosten der Öltankreinigung auf mehrere Abrechnungsjahre verteilen?

*Ich habe im letzten Jahr den Öltank in meinem Miets-
haus reinigen lassen. Die Kosten hierfür habe ich
komplett in die Betriebskostenabrechnung aufgenommen. Die letzte Reinigung fand 4 Jahre zuvor statt.
Ein Mieter, der zu Jahresbeginn ausgezogen ist, will
nur für ¼ der Kosten zahlen. Er behauptet, ich müsse
die Kostenumlage auf 4 Jahre verteilen. Stimmt das?*

Nein, Ihr Mieter irrt sich. Betriebskosten, die nur im Abstand
von mehreren Jahren anfallen – zum Beispiel auch Eichkosten
für Wasserzähler –, dürfen Sie im Jahr der Zahlung komplett
in Ihre Betriebskostenabrechnung aufnehmen. Das haben die
BGH-Richter genau zu dieser Frage, der Öltankreinigung,
bereits entschieden (BGH, Urteil v. 11.11.09, Az. VIII ZR
221/08). Sie brauchen also nicht – wie Ihr Mieter meint – die
Kosten auf 4 Jahre aufzuteilen.

38
Muss mein Mieter erhöhte Betriebskostenvorauszahlungen trotz Zweifeln an der Abrechnung zahlen?

*Ich habe meinem Mieter nach der letzten Betriebskos-
tenabrechnung die Vorauszahlungen erhöht. Er zahlt
aber weiter nur die alten Beträge. Auch die Nachzahlung hat er nicht beglichen. Sein Argument: Meine
Abrechnung sei falsch. Kann ich auf Zahlung bestehen?*

Hat Ihr Mieter nur pauschal behauptet, Ihre Abrechnung sei falsch, ohne dass er konkrete Kritikpunkte nennt, brauchen Sie die Einwände nicht zu berücksichtigen. Er muss sowohl die Nachzahlung als auch die daraufhin errechneten erhöhten Vorauszahlungen leisten. Und selbst wenn er seine Einwände konkret begründet hat, bleibt Ihre Erhöhung der Betriebskostenvorauszahlungen verbindlich, solange nicht eindeutig feststeht, dass Ihre Abrechnung fehlerhaft ist und der richtige Saldo eine Erhöhung der Vorauszahlungen nicht rechtfertigen würde.

Pauschale Einwendungen sind unerheblich

Weisen Sie Ihren Mieter auf ein entsprechendes Urteil des Bundesgerichtshofs hin (BGH, Urteil v. 28.11.07, Az. VIII ZR 145/07). Hat Ihr Mieter Sie aber auf einen tatsächlich bestehenden Fehler hingewiesen, korrigieren Sie Ihre Abrechnung selbstverständlich und passen Sie die Vorauszahlungen dem neuen Abrechnungssaldo an.

Übrigens: Erhöhte Vorauszahlungen können Sie sogar dann fordern, wenn Ihre Abrechnung oder deren Korrektur erst nach Ablauf der 12-monatigen Abrechnungsfrist erfolgt ist. Dies entschieden die Karlsruher Bundesrichter im letzten Jahr (BGH, Urteil v. 16.06.10, Az. VIII ZR 258/09).

39
Kann ich die Grundsteuer nachträglich abrechnen?

Für meine vermietete Eigentumswohnung habe ich jetzt erst einen Grundsteuerbescheid mit Nachforderungen für das Jahr 2007 erhalten. Kann ich von meinem Mieter die Nachzahlung verlangen, obwohl ich die Nebenkosten für 2007 schon abgerechnet habe?

Ja, das können Sie. Grundsätzlich gilt: Vermieter müssen die Betriebskosten zwar innerhalb eines Jahres nach dem Ende der Abrechnungsperiode abrechnen. Solche Betriebskosten, die sie unverschuldet nicht fristgerecht abrechnen konnten, dürfen sie jedoch auch danach noch auf den Mieter umlegen (§ 556 Abs. 3 S. 3 BGB).

So ein Fall liegt auch vor, wenn die Gemeinde den Grundsteuerbescheid erst nach dem Ende der Abrechnungsfrist erstellt oder beispielsweise ein Versorgungsunternehmen verspätet mit dem Vermieter abrechnet.

Für Korrektur längstens 3 Monate Zeit

Sie müssen die Nachzahlung allerdings umgehend von Ihrem Mieter verlangen. Dazu haben Sie nach einem Urteil des Bundesgerichtshofs in der Regel längstens 3 Monate nach Erhalt des Grundsteuerbescheids Zeit (Urteil v. 05.07.06, Az. VIII ZR 220/05). Trödeln ist also teuer, denn danach kann der Mieter eine Nachzahlung ablehnen, auch wenn Sie die Abrechnungsfrist zunächst unverschuldet versäumt haben.

40
Kosten für Elektro-Wartung –
Muss der Mieter zahlen?

Alle 4 Jahre muss bei mir im Haus die Lüftungsanlage gewartet werden. Jetzt war es wieder so weit, und ich frage mich, ob ich diese Kosten meinen Mietern berechnen darf.

Die gute Nachricht lautet: Ja, diese Kosten sind vom Mieter als „sonstige Betriebskosten" zu zahlen. Und zwar auch dann, wenn die Kosten nur selten, etwa wie bei Ihnen alle 4 Jahre entstehen, solange sie regelmäßig anfallen. Das hat der BGH in einem Grundsatzurteil entschieden (BGH, Urteil v. 14.02.07, Az. VIII ZR 123/06).

Die – möglicherweise – schlechte Nachricht lautet aber: Der Mieter muss hierfür nur zahlen, wenn Sie dies mit ihm auch vereinbart haben. Konkret: Steht in Ihrem Mietvertrag, dass zu den sonstigen Betriebskosten diejenigen für die Wartung der Lüftung gehören, können Sie diese Kosten im Rahmen der Betriebskostenabrechnung auf Ihre Mieter umlegen. Ist dies nicht der Fall und hat der Mieter zwar „sonstige Betriebskosten" zu zahlen, ohne dass diese jedoch näher spezifiziert wären, können Sie Ihren Mieter nicht zur Kassen bitten.

Sonstige Betriebskosten müssen benannt und vereinbart werden

41
Kauf einer Mietwohnung – Welche Betriebskosten muss mein Mieter zahlen?

Ich möchte eine vermietete Wohnung kaufen. Im Mietvertrag ist Folgendes geregelt: „Für die nachfolgend aufgeführten Betriebskosten zahlt der Mieter Vorauszahlungen in Höhe von monatlich 70 €." Bedeutet dies, dass der Mieter die übrigen Kosten nicht zahlen muss, und kann ich das – die Kosten werden ja immer höher – gegebenenfalls ändern?

Die Regelung müssen Sie genau nehmen: Werden in einem Mietvertrag die umlagefähigen Betriebskosten genannt, bedeutet das zugleich, dass nicht genannte Betriebskosten vom Mieter auch nicht zu zahlen sind (LG Berlin, Urteil v. 03.12.03, Az. 64 S 241/02).

Gekaufte Mietverhältnisse – übernommene Mietverträge

Zu Ihrer Situation kommt es im Zusammenhang mit „gekauften Mietverhältnissen" recht häufig: Die Mietverträge sind zu einer Zeit geschlossen worden, als es bestimmte Betriebskosten noch gar nicht gab und die Betriebskosten insgesamt noch nicht so hoch waren. Das Nachsehen haben dann die späteren Vermieter, denn eine Änderung der Regelung ist nur im Einvernehmen mit dem Mieter möglich – und hierzu ist kaum einer bereit. Sie tun also gut daran, den Mietvertrag, in den Sie beim Kauf der Wohnung als Vermieter einsteigen würden, gründlich zu prüfen. Würden Sie die Wohnung kaufen, würden die Mieteinnahmen durch die von Ihnen selbst zu zahlenden Betriebskosten zunehmend „aufgefressen" – wobei dieser Umstand bei der Höhe des Kaufpreises zu berücksichtigen wäre.

Am besten ist es für jeden Vermieter, wenn die Betriebskosten gar nicht einzeln aufgeführt werden, sondern der Mietvertrag nur auf das Gesetz verweist, also auf die Rechtsquelle, in der sie stehen: „Der Mieter hat Betriebskosten gemäß § 1, 2 der Betriebskostenverordnung zu zahlen". Nur so stellen Sie sicher, dass Ihr Mieter auch wirklich alle Betriebskosten zu zahlen hat, also auch solche, die vielleicht später einmal in das Gesetz aufgenommen werden.

42
Verstoßen meine Betriebskosten gegen den Wirtschaftlichkeitsgrundsatz?

Mein Mieter weigert sich, Betriebskosten gemäß meiner Abrechnung nachzuzahlen. Er meint, die Kosten seien zu hoch und verstoßen damit gegen den Grundsatz der Wirtschaftlichkeit. Vor allem bemängelt er die Konditionen und Preise meines Wärmelieferungsvertrages, die in der Tat nicht sehr günstig sind. Allerdings kann ich diesen Vertrag, den ich vor Beginn des Mietverhältnisses geschlossen habe, erst 2010 kündigen. Wie ist die Rechtslage?

Der Grundsatz der Wirtschaftlichkeit bezeichnet die vertragliche Nebenpflicht des Vermieters, bei Maßnahmen und Entscheidungen, die Einfluss auf die Höhe der vom Mieter zu tragenden Betriebskosten haben, auf ein angemessenes Kosten-Nutzen-Verhältnis Rücksicht zu nehmen.

Als Faustformel gilt: Sie dürfen Ihren Mieter nicht mit Kosten belasten, die Sie selbst aus vernünftigen Gründen nicht

Mieter muss nur zahlen, was auch der Vermieter zahlen würde

zahlen würden. Deshalb müssen Sie (auch) bei Energieverträgen auf Wirtschaftlichkeit, also auf möglichst günstige Einkaufsbedingungen, achten. Dies bedeutet allerdings nicht, dass Vermieter langfristig geschlossene Verträge mit einem Energieversorger kündigen müssen, um zu einem billigeren Anbieter zu wechseln. Zumindest dann nicht, wenn wie bei Ihnen der ungünstige Vertrag schon zu Beginn des Mietvertrages geschlossen wurde. Dies hat der BGH mit einem Grundsatzurteil v. 28.11.2007 entschieden (Az. VIII ZR 243/06).

Übrigens: Der Grundsatz der Wirtschaftlichkeit verpflichtet Vermieter auch nicht dazu, eine unwirtschaftliche, aber funktionierende Heizung zu modernisieren (BGH, Urteil v. 31.10.07, Az. VIII ZR 261/06).

43
Muss ich die Betriebskosten abrechnen, obwohl eine Bruttowarmmiete gilt?

In meinem Mietvertrag, den ich mit dem Kauf der Wohnung übernommen habe, ist eine Bruttowarmmiete vereinbart. In der Vergangenheit wurde deshalb über Betriebskosten nicht abgerechnet; mein Mieter hat sich hierüber nie beschwert. Jetzt habe ich gelesen, dass dies nicht mehr gelten soll. Stimmt das?

BGH: Bruttowarmmieten sind unzulässig

Mit einem Grundsatzurteil vom 19.07.2006 hat der BGH entschieden, dass die Vereinbarung einer Bruttowarmmiete unwirksam ist, da sie gegen die Heizkostenverordnung verstößt (Az. VIII ZR 212/05). Das bedeutet, dass über die warmen Betriebskosten – also die für Heizung und Warmwasser –

immer abzurechnen ist. Und zwar nach dem Urteil auch dann, wenn der Mieter dies gar nicht wünscht.

Eine Ausnahme gilt nach § 2 Heizkostenverordnung nur dann, wenn das Gebäude nicht mehr als zwei Wohnungen hat, von denen der Vermieter eine selbst bewohnt. Dabei schreibt die Heizkostenverordnung vor, dass die warmen Betriebskosten zu wenigstens 50 % nach Verbrauch abzurechnen sind. Ist Ihnen eine solche verbrauchsabhängige Abrechnung der Kosten für Heizung und Warmwasser nach § 7I oder § 9a HeizkostenVO objektiv nicht (mehr) möglich, können Sie die Kosten allein nach der Wohnfläche abrechnen – allerdings ist der Mieter dann berechtigt, 15 % des auf ihn entfallenden Kostenanteils zu kürzen. Was die Betriebskosten angeht, ist Ihre Vereinbarung aber wirksam, für die übrigen Betriebskosten brauchen Sie also keine Abrechnung zu erstellen.

44
Hafte ich meinem Mieter
für erhöhte Heizkosten?

Mein Mieter weigert sich, Heizkosten nachzuzahlen. Er meint, wegen der leer stehenden Wohnungen nebenan sei seine Wohnung in diesem starken Winter stärker ausgekühlt, weshalb er mehr heizen musste. Muss ich mich an den Heizkosten meines Mieters wirklich beteiligen?

Klare Antwort: Nein, das müssen Sie nicht. Zwar ist es so, dass Sie für die Betriebskosten Ihrer leer stehenden Wohnungen als Vermieter selbst aufkommen müssen. Dies geht aber nicht so weit, dass Sie sich noch zusätzlich an den Heizkosten des verbleibenden Mieters beteiligen müssen (so etwa AG Halle, Urteil v. 22.10.04, Az. 96 C 5306/03).

Mieter darf Betriebskosten nicht kürzen

Auch darf der Mieter nicht die Miete mindern, weil er wegen des Leerstandes mehr heizen müsse. Hierzu hat das Amtsgericht Frankfurt klipp und klar festgestellt: Ein Mieter darf nicht darauf vertrauen, dass die an seine Wohnung angrenzenden Räumlichkeiten beheizt werden. Vielmehr gehört es zum allgemeinen Lebensrisiko eines Mieters, dass nicht jede Wohnung im Haus bewohnt sei (AG Frankfurt/Oder, Urteil v. 24.11.04, Az. 25 C 1002/04).

45
Muss mein Gewerbemieter Betriebskosten nachzahlen?

Mit meinem Gewerbemieter habe ich vereinbart, dass ich die Betriebskostenabrechnung innerhalb von 12 Monaten nach Ablauf des einjährigen Abrechnungszeitraums zu erstellen habe. Diese Abrechnungsfrist habe ich leider versäumt – muss mein Mieter dennoch Nachzahlungen leisten?

Ja, Ihr Mieter muss auch auf eine verspätete Abrechnung eine Nachzahlung leisten. Dies hat der BGH in einem neueren Urteil entschieden.

Der Reihe nach: Grundsätzlich muss die Abrechnung der Betriebskosten innerhalb von 12 Monaten nach Ablauf des Abrechnungszeitraumes erfolgen. Versäumen Sie diese Frist gegenüber einem Wohnungsmieter, braucht dieser keine Nachzahlung zu leisten.

So ordnet es das Gesetz in § 556 Abs. 3 BGB an – gewissermaßen als Strafe dafür, dass der Vermieter die Abrechnungsfrist nicht eingehalten hat. Sie aber haben Glück, denn in dem besagten Urteil stellte der BGH klar, dass der Ausschluss von Nachforderungen nicht gegenüber Gewerbemietern gelte (BGH, Urteil v. 27.01.10, Az. XII ZR 22/07).

Keine Ausschlussfrist für Gewerbemieträume

Die Karlsruher Richter machten zwar deutlich, dass die Betriebskostenabrechnung wie bei der Wohnraummiete in der Regel spätestens zum Ablauf von 12 Monaten nach Ende der Abrechnungsperiode zu erteilen sei – wenn keine andere Frist vereinbart worden ist. Anders als Wohnungsmieter dürfen Gewerbemieter bei Versäumung der Abrechnungsfrist aber nicht die Nachzahlung verweigern.

Vorsicht: Eine Abrechnung darf Ihr Gewerbemieter aber verlangen. Ist die Abrechnungsfrist verstrichen und haben Sie nicht abgerechnet, befinden Sie sich in Verzug. Ihr Mieter könnte Sie nun auf Erteilung der Abrechnung verklagen. Um seiner Forderung Nachdruck zu verleihen, dürfte er ebenfalls die Zahlung der laufenden Betriebskosten-Vorauszahlungen einstellen, bis Sie abrechnen. Insoweit ergeben sich keine Unterschiede zwischen Wohnungs- und Gewebemietern.

46
Der Mieter ist unbekannt verzogen –
Verjährt meine Betriebskosten-
Nachforderung?

Ich konnte meinem ehemaligen Mieter die letzte Betriebskostenabrechnung nicht zustellen, weil ich seine neue Adresse nicht hatte. Nun habe ich zufällig einen Bekannten getroffen, der mir die Adresse mitteilen konnte. Inzwischen ist aber die Jahresfrist für die Betriebskostenabrechnung abgelaufen. Kann ich trotzdem noch die Nachzahlung fordern? Schließlich war die Verspätung nicht meine Schuld.

Sie haben Glück - ein erfreuliches Urteil vom Amtsgericht Bad Neuenahr-Ahrweiler gibt Ihnen Recht: Ist ein Mieter ausgezogen, ohne seinem Vermieter die neue Adresse zu hinterlassen, verjährt dessen Anspruch auf Nachzahlung der Betriebskosten nicht.

Grundsätzlich müssen Sie Ihrem Mieter die Betriebskostenabrechnung innerhalb eines Jahres nach Ablauf der Abrechnungsperiode zustellen. Erhält der Mieter die Abrechnung später, darf er eine Nachzahlung ablehnen. Das wissen viele Mieter und spielen auf Zeit. Ein Mittel hierzu: Der Vermieter wird über die neue Anschrift des Mieters im Unklaren gelassen.

Meter muss neue Anschrift mitteilen

Dies geht nach diesem Urteil nicht mehr. Das Amtsgericht hat klargestellt, dass ein Mieter verpflichtet ist, dem Vermieter seine neue Adresse mitzuteilen, damit er ihm die Nebenkostenabrechnung zustellen kann. Kommt ein Mieter dieser

Pflicht nicht nach, beginnt auch keine Verjährungsfrist zu laufen. Der Amtsrichter ausdrücklich: Ein Mieter verstößt gegen „Treu und Glauben", wenn er selbst den Zugang der Abrechnung vereitelt und sich anschließend auf Verjährung beruft (AG Bad Neuenahr-Ahrweiler, Urteil v. 23.05.07, Az. 3 C).

47
Umsatzsteuer auf Betriebskosten?

Mein Gewerbemieter zahlt auf seine Miete Umsatzsteuer. Für die Betriebskosten haben wir dies im Mietvertrag allerdings nicht ausdrücklich vereinbart. Muss mein Mieter dennoch auch auf die Betriebskosten Umsatzsteuer zahlen?

Grundsätzlich müssen die Pflichten im Mietvertrag ausdrücklich geregelt sein. Insofern muss ein Mieter auf die Miete nur dann Umsatzsteuer zahlen, wenn dies so vereinbart ist. Ist wie in Ihrem Fall nur die Miete der Umsatzsteuer unterworfen, gehen die Gerichte im Wege sogenannter „ergänzender Vertragsauslegung" davon aus, dass der Mieter auch auf die Betriebskosten Umsatzsteuer zahlen muss – soweit der Vermieter hierfür selbst hat Umsatzsteuer entrichten müssen (OLG Schleswig, Urteil v. 17.11.00, Az. 4 U 146/99).

Und spiegelbildlich zu dieser Pflicht des Mieters, Umsatzsteuer zu zahlen, hat er das Recht, eine Betriebskostenabrechnung zu fordern, in der die Umsatzsteuer separat ausgewiesen ist. Und um eine solche Abrechnung zu erhalten, darf er eine Betriebskostennachforderung zurückhalten, bis die Abrechnung insoweit ordnungsgemäß ist.

48
Welche Abrechnungsfrist gilt
bei einem Gewerbemietvertrag?

*In meinem Gewerbemietvertrag ist vereinbart, dass
der Mieter neben der Miete Vorauszahlungen für
Betriebskosten zu leisten hat. Nicht geregelt ist aber,
innerhalb welcher Frist über die Betriebskosten abzurechnen ist. Da ich seit Beginn des Mietverhältnisses
am 01.01.2007 noch keine Betriebskostenabrechnung
erstellt habe, meint der Mieter, er müsse nun keine
Betriebskosten mehr zahlen. Hat er Recht?*

Nein, der Mieter hat nicht Recht – dank eines neueren BGH-
Urteils. Am 17.11.2010 entschieden die Karlsruher Richter
nämlich, dass dann, wenn eine Regelung zur Abrechnungs-
pflicht im Mietvertrag nicht getroffen wurde, dem Mieter wie
im Wohnraummietrecht innerhalb eines Jahres nach Ablauf
der Abrechnungsperiode die Abrechnung zuzustellen ist. Ist
auch die Abrechnungsperiode im Mietvertrag nicht bestimmt,
hat der Vermieter die Wahl, ob als Abrechnungsperiode das
Zeitjahr gerechnet ab Mietbeginn oder das Kalenderjahr gelten soll.

Aber – und das ist wichtig – im Unterschied zur Wohnraummiete darf der Vermieter auch bei Fristüberschreitung noch
eine sich aus der Abrechnung ergebende Nachforderung
gegenüber dem Mieter geltend machen. Außerdem hat der
BGH klargestellt: Allein der Umstand, dass über einen längeren Zeitraum hinweg nicht abgerechnet wurde, begründet
sowohl bei der Vermietung von Wohn- als auch von Gewerberäumen keine Vertragsänderung, weshalb auch noch nach

Jahren erstmals abgerechnet werden kann (BGH, Urteil v. 17.11.2010, Az. XII ZR 124/09).

Mit der neuen Entscheidung gilt für Ihren Fall: Über die seit Mietbeginn angefallenen Betriebskosten haben Sie jährlich abzurechnen. Tun Sie es und zeigt sich dabei, dass die Vorauszahlungen des Mieters nicht ausreichend waren, schuldet er Ihnen die Nachzahlung.

Mieterhöhung

49
Trotz Verletzung der Kappungsgrenze – Darf ich die Miete dennoch erhöhen?

Ich habe 2 Mieter, denen ich nach 7 Jahren erstmals die Miete erhöhen möchte. Mit dem einen Mieter habe ich mich auf eine Mieterhöhung um 25% schriftlich geeinigt. Da der andere Mieter hierzu nicht bereit war, habe ich ihm in gleicher Höhe ein Mieterhöhungsverlangen zur ortsüblichen Vergleichsmiete zugesandt. Beide Mieter haben nun eingewandt, dass die Mieterhöhung wegen Verstoßes gegen die Kappungsgrenze unwirksam sei. Stimmt das?

Das kommt darauf an. Die Kappungsgrenze legt fest, dass Sie die Miete innerhalb von 3 Jahren um nicht mehr als 20% erhöhen dürfen (§ 558 Abs. 3 BGB). Ausgenommen hiervon sind aber Erhöhungen der Betriebskosten und Erhöhungen wegen erfolgter Modernisierung. Für Sie wichtig: Die Kappungsgrenze gilt auch, wenn die Miete länger als 3 Jahre nicht erhöht wurde.

Das bedeutet für Ihren Fall: Ihr Mieterhöhungsverlangen verletzt die Kappungsgrenze, da es diese um 5% überschreitet. Dennoch ist Ihr Erhöhungsverlangen nicht insgesamt unwirksam, sondern nur in Höhe des übersteigenden Teils.

Die Kappungsgrenze gilt nur für Mieterhöhungen auf Ortsniveau

Konkret: In Höhe von 20% muss Ihr Mieter der Mieterhöhung zustimmen und Sie können Ihre Miete der ortsüblichen Vergleichsmiete annähern. Eine weitere Erhöhung der Miete ist Ihnen dann aber erst wieder nach 3 Jahren gestattet. Anders sieht es aus, wenn Sie eine Mieterhöhung mit Ihrem Mieter vereinbaren. Denn hier gilt die Kappungsgrenze ebenso wenig wie bei einer vereinbarten Staffelmiete oder wie im Fall einer Neuvermietung.

Das bedeutet, dass Ihr Mieter Ihnen in diesen Fällen die um 25% erhöhte Miete voll bezahlen muss, er sich also nicht auf die Kappungsgrenze berufen kann. Im Ergebnis können Sie von Ihrem ersten Mieter aufgrund der Vereinbarung also 25% Mieterhöhung verlangen, von Ihrem zweiten Mieter allerdings nur 20% – wegen der Kappungsgrenze.

50
Darf ich die Miete auch innerhalb der Spanne und trotz unveränderten Ortsniveaus erhöhen?

Ich möchte meinem Mieter die Miete erhöhen. Und zwar pro Quadratmeter von 4,60 auf 4,92 €. Der Mietspiegel weist hier eine Spanne von 4,55 bis 5,05 € aus, und ich denke, dass ich die Mieterhöhung wegen mehrerer Wohnwert erhöhender Merkmale gut begründen kann. Dies zieht mein Mieter auch nicht in Zweifel, er meint nur, dass ich innerhalb der Spanne nicht erhöhen dürfte. Außerdem müsste sich das Ortsniveau seit Mietbeginn verändert haben, was nicht der Fall ist. Hat der Mieter Recht, kann ich die Miete nicht erhöhen?

Ihr Mieter irrt; die Rechtslage hat sich nämlich zu Ihren Gunsten geändert. Zwar sind die Gesetze gleich geblieben, aber der BGH hat 2 erfreuliche Urteile gesprochen: Bereits 2005 hat der

BGH entschieden, dass eine Mieterhöhung auf Ortsniveau auch dann möglich ist, wenn bereits die bisher gezahlte Miete innerhalb der Spanne der ortsüblichen Vergleichsmiete liegt. Entgegen früherer Urteile ist für die Wirksamkeit Ihres Mieterhöhungsverlangens also nicht erforderlich, dass sich die bisherige Miete unter dem Niveau der ortsüblichen Vergleichsmiete befindet (BGH, Urteil v. 06.07.05, Az. VIII ZR 322/04).

Mit Datum vom 20.07.2007 entschieden die Karlsruher Richter: Eine wirksame Mieterhöhung setzt nicht voraus, dass sich die ortsübliche Vergleichsmiete seit Vertragsbeginn verändert hat (BGH, Az. VIII ZR 303/06). Zuvor meinten viele Richter noch, dass die Mieter mit einer deutlich zu geringen Miete geködert werden könnten, weshalb sie eine spätere Mieterhöhung bei unverändertem Ortsniveau für unzulässig hielten.

Mieterhöhung trotz unverändertem Ortsniveau

Der BGH war jedoch anderer Auffassung: Mieter müssen immer damit rechnen, dass ihre Miete stufenweise bis zur ortsüblichen Vergleichsmiete angepasst wird. Und außerdem seien sie durch die Kappungsgrenze hinreichend geschützt.

Also: Mit beiden Einwänden kann sich Ihr Mieter gegen Ihre Mieterhöhung nicht erfolgreich zur Wehr setzen – Ihre Mieterhöhung muss er akzeptieren.

51
Mieterhöhung mit Vergleichswohnungen begründen – Welche Angaben sind nötig?

Für eine Mietwohnung in meinem 6-Parteien-Miets-
haus möchte ich die Miete erhöhen. Einen Mietspiegel
gibt es in unserer Gemeinde nicht. Ich möchte die
Erhöhung mit Vergleichswohnungen begründen. Wel-
che Angaben muss ich dazu machen?

Für Ihre Mieterhöhung müssen Sie dem Mieter die Höhe des Mietzinses von mindestens 3 Wohnungen nennen, die mit Ihrer Mietwohnung im Großen und Ganzen vergleichbar sind. Sie dürfen sich auch auf andere Mietwohnungen im selben Haus beziehen. Haben Sie allerdings Informationen über vergleichbare Wohnungen anderer Vermieter, ist es besser, diese zu nennen. Denn erfahrungsgemäß sind Mieter weniger zur Zustimmung bereit, wenn der Vermieter die Erhöhung nur auf vergleichbare eigene Mietwohnungen stützt.

Genaue Bezeichnung der Vergleichswohnungen unerlässlich

Geben Sie die genaue Adresse und die Lage der Vergleichswohnungen im Gebäude so exakt an, dass der Mieter die Wohnungen ohne weitere Nachfragen finden und sich selbst vor Ort ein Bild von der Vergleichbarkeit machen könnte. – Ob die jeweiligen Bewohner der Vergleichswohnungen wirklich bereit sind, Ihrem Mieter die Tür zu öffnen und eine Besichtigung zu ermöglichen, spielt dabei keine Rolle.

Außerdem müssen Sie angeben, welche Mieten in den einzelnen Vergleichswohnungen gezahlt werden. Nennen Sie entweder die Quadratmeter-Mieten oder die Gesamtmieten und dazu die jeweiligen Wohnungsgrößen in Quadratmetern.

Machen Sie deutlich, ob es sich bei den genannten Beträgen um Netto- oder Bruttomieten handelt.

Die Wohnungen müssen nach ihrer Ausstattung, Beschaffenheit und Lage ungefähr mit Ihrer Mietwohnung vergleichbar sein: Wie alt sind die Wohnungen, wie sind Zuschnitt, Bauweise und der bauliche Zustand, über welche Sanitärausstattung und Beheizungsart verfügen sie, welche Einrichtungen stehen dem Mieter sonst noch zur Verfügung?

Nicht vergleichbar sind beispielsweise Erdgeschoss- und Dachgeschosswohnungen mit vielen Schrägen oder Altbau- und Neubauwohnungen. Es ist aber nicht notwendig, dass Sie im Erhöhungsschreiben die Vergleichswohnungen detailliert beschreiben. Beschränken Sie sich auf diejenigen Merkmale, die mit Ihrer Wohnung die größte Ähnlichkeit aufweisen.

Vergleichbarkeit muss nicht in Einzelheiten dargelegt werden

52
Der Mieter zahlt die Mieterhöhung nicht – Kann ich ihm kündigen?

Ich habe meinen Mieter auf Zustimmung zur Mieterhöhung verklagt und den Prozess gewonnen. Der Mieter muss nun rückwirkend für mehr als ein Jahr die Erhöhungsbeträge zahlen. Das tut er aufgrund seiner engen finanziellen Verhältnisse nur sehr schleppend in unregelmäßigen Raten. Wie lange muss ich das akzeptieren? Kann ich ihm kündigen?

Wegen eines Mietrückstands, der dadurch entstanden ist, dass der Mieter verurteilt wurde, rückwirkend Ihrer Mieterhöhung zuzustimmen, können Sie prinzipiell in gleicher Weise kündigen wie bei jedem anderen Verzug mit der Mietzahlung auch. Jedoch mit einem wichtigen Unterschied:

Kündigung erst 2 Monate nach rechtskräftiger Verurteilung

Während der ersten beiden Monate nach Rechtskraft des Urteils ist eine Kündigung des Mieters wegen seines Zahlungsverzugs mit den Erhöhungsbeträgen ausgeschlossen. Dieser Zeitraum steht dem Mieter zur Verfügung, um seine durch das Urteil entstandenen Mietschulden auszugleichen. Besteht nach dieser Zeit immer noch ein Mietrückstand, kann dem Mieter nach den allgemeinen Vorschriften über den Zahlungsverzug fristlos gekündigt werden.

Unter den folgenden 3 Voraussetzungen dürfen Sie Ihrem Mieter demnach kündigen:

1. Seit Rechtskraft des Urteils sind 2 Monate vergangen.
2. Der Zahlungsrückstand Ihres Mieters hat nach der Verurteilung mindestens einmal die Höhe von 2 Monatsmieten erreicht, berechnet nach der neuen, erhöhten Miete.
3. Zum Zeitpunkt der Kündigung besteht immer noch ein Zahlungsrückstand, wenn auch eventuell in geringerer Höhe.

53
Kann ich nicht gezahlte Staffelmiete von meinem Mieter nachfordern?

Meine Mutter hat vor 5 Jahren eine Wohnung mit einer Staffelmietvereinbarung vermietet. Der Mieter hat die Erhöhungsbeträge aber nie gezahlt und meine Mutter hat das auch nie moniert. Kann ich die Beträge im Namen meiner Mutter jetzt nachfordern?

Bei einer wirksamen Staffelmietvereinbarung (siehe unten) ist der Mieter prinzipiell zur Zahlung der Erhöhungsbeträge verpflichtet. Eine vorhergehende Aufforderung zur Zahlung der erhöhten Mieten ist bei einer Staffelmietvereinbarung nämlich nicht erforderlich. Datum und Betrag der jeweiligen Erhöhungen sind ja bereits in der Vereinbarung enthalten. Aus der Untätigkeit Ihrer Mutter darf der Mieter auch nicht schließen, dass Sie darauf verzichten wollten, die Mieterhöhungen geltend zu machen.

Allerdings sind Ihre Forderungen inzwischen teilweise verjährt. Denn Ansprüche auf Mietzahlung verjähren jeweils nach 3 Jahren, immer gerechnet vom Ende des Jahres an, in dem sie entstanden sind.

Beachten Sie die Verjährung

Das bedeutet für Sie: Alle Erhöhungsbeträge, die der Mieter im Jahr 2006 oder davor hätte zahlen müssen, können Sie jetzt nicht mehr einklagen; sie sind am 31.12.2009 bereits verjährt. Alle Erhöhungsbeträge ab dem Jahr 2007 muss der Mieter jedoch nachzahlen.

Mit diesen 3 Punkten ist Ihre Staffelmietvereinbarung wirksam:
1. Es ist jeweils ein konkreter Geldbetrag angegeben, welche Miete ab welchem Zeitpunkt zu zahlen ist.
   Beispiel: 500 € ab dem 01.05.2010. Ausreichend ist auch, wenn nur der jeweilige Erhöhungsbetrag genannt ist. Die Angabe einer prozentualen Steigerung ist hingegen unwirksam.
2. Entweder ist der jeweilige Erhöhungszeitpunkt durch ein Datum bestimmt, oder es ist für jeden Erhöhungsbetrag genau angegeben, für welchen Zeitraum, beispielsweise wie viele Monate, er zu zahlen ist.

3. Die Miete muss jeweils mindestens 1 Jahr lang unverändert sein. Ist auch nur einmal ein Zeitraum kürzer als 1 Jahr, wird die gesamte Staffelmietvereinbarung hinfällig.

54
Kann ich meine Indexmiete rückwirkend erhöhen?

Ich habe mit meinem Mieter vereinbart, dass sich die Miete nach dem Lebenshaltungskostenindex richtet. Seit 3 Jahren zahlt er inzwischen dieselbe Miete, obwohl sich der Index erhöht hat. Kann ich für die vergangenen Jahre die gestiegene Miete nachfordern?

Für die Vergangenheit können Sie leider von Ihrem Mieter keine höhere Mietzahlung verlangen. Bei der Vereinbarung einer Indexmiete verändert sich die Miethöhe nämlich nicht automatisch entsprechend dem Index. Vielmehr müssen Sie Ihren Mieter erst in Textform (E-Mail, Fax, Brief, wobei jeweils Ihr Name am Ende der Erklärung steht) zur Zahlung der erhöhten Miete auffordern. Das wird von Vermietern leider häufiger vergessen.

Berücksichtigen Sie die gesetzliche Jahresspanne

Erhöhen Sie Ihrem Mieter die Indexmiete also jetzt, damit Sie kein Geld mehr verschenken. Nach Zugang Ihrer Erhöhungserklärung hat der Mieter die neue Miete mit Beginn des übernächsten Monats zu zahlen. Erhält er Ihre Zahlungsaufforderung beispielsweise noch im März, gilt die Mieterhöhung ab dem Monat Mai. Außerdem gilt: Eine Indexmiete muss immer für mindestens 1 Jahr unverändert sein. Das heißt, dass Sie nach einer jetzigen Mieterhöhung dann wieder im März 2012 den Index prüfen und die Miete erneut zum Monat Mai anpassen dürfen.

Tipp: Um die Erhöhung einer Indexmiete nicht zu vergessen, notieren Sie sich am besten für den 10. Monat nach Mietbeginn in Ihrem Terminkalender: Indexmiete erhöhen! Dieser Monat ist dann auch in den Folgejahren Ihr Mieterhöhungsmonat. So tritt die Mieterhöhung immer genau 1 Jahr nach Mietbeginn oder letzter Mieterhöhung ein, also zum frühestmöglichen Zeitpunkt. Haben Sie in etlichen Mietverhältnissen Indexmieten vereinbart, wählen Sie am besten einen festen Monat im Jahr, zu dem Sie alle Indexmieten anpassen. Nur in Mietverträgen, die jeweils vor weniger als 10 Monaten neu geschlossen wurden, verzichten Sie auf die Mietanpassung.

Übrigens: Die aktuellen Zahlen zur Entwicklung des Preisindex bekommen Sie im Internet auf der Seite des Statistischen Bundesamtes unter www.destatis.de und in der Sonderausgabe Mieterhöhung, Sommer 2010, von Vermieter-Recht vertraulich (die Sie unter www.vermieterrecht-vertraulich.de herunterladen können). In dieser Sonderausgabe finden Sie auch eine detaillierte Anleitung zur Berechnung Ihrer Indexmieterhöhung.

55
Kann mein Mieter (den Zeitmietvertrag) kündigen, wenn ich ihm die Miete erhöhe?

Ich habe meine Wohnung im Sommer 2006 vermietet. Da die ortsübliche Vergleichsmiete seither gestiegen ist, habe ich meinem Mieter Mitte Mai eine Mieterhöhungserklärung gesandt. Daraufhin hat der Mieter erklärt, er werde den Mietvertrag kündigen. Wäre das rechtens, zumal wir doch einen Zeitmietvertrag bis zum 31.12.2012 geschlossen haben?

Wenn Sie als Vermieterin eine Mieterhöhung geltend machen (wegen gestiegener ortsüblicher Vergleichsmiete oder wegen durchgeführter Modernisierung), darf der Mieter bis zum Ablauf des zweiten Monats nach dem Zugang der Mieterhöhungserklärung des Vermieters das Mietverhältnis außerordentlich zum Ablauf des übernächsten Monats kündigen. Tut er dies, tritt die Mieterhöhung nicht ein (§ 561 BGB). Dies gilt auch, wenn ein Zeitmietvertrag geschlossen wurde; bei einer Mieterhöhung kann dieser also vor seinem vertraglich festgelegten Ablauf gekündigt werden. In Ihrem Fall dürfte der Mieter demnach bis zum 31.07.2009 kündigen. Tut er dies, würde die Kündigung zum 30.09.2009 wirksam werden.

56
Kann ich mein fehlerhaftes Mieterhöhungs-verlangen später noch nachbessern?

Am 14.01. habe ich meinem Mieter mein Mieterhö-hungsverlangen übergeben. Zur Begründung der gestiegenen Miete am Ort habe ich auf die Mieten von 3 vergleichbaren Wohnungen verwiesen. Mein Mieter hat jetzt zutreffend eingewandt, dass es bei uns einen gültigen qualifizierten Mietspiegel gibt, weshalb mein Mieterhöhungsverlangen unwirksam ist. Stimmt das, was kann ich tun?

Das Gesetz schreibt vor, dass, wenn es einen gültigen quali-fizierten Mietspiegel gibt, dessen Angaben über die ortsübli-che Vergleichsmiete immer mitzuteilen sind. Andernfalls ist – wie in Ihrem Fall – das Mieterhöhungsverlangen unwirksam (§ 558a Abs. 3 BGB). Allerdings gibt Ihnen das Gesetz auch die Möglichkeit, Ihr Mieterhöhungsverlangen noch nachzu-holen, sogar noch in einem Prozess (§ 558b Abs. 3 BGB), wobei sich in diesem Fall die Zustimmungsfrist entsprechend verlängert.

Die Zustimmungsfrist besagt: Bis zum Ablauf des übernächs-ten Monats nach Zugang des Mieterhöhungsverlangens muss der Mieter der Mieterhöhung zustimmen. Tut er dies nicht, können Sie ihn verklagen. 3 weitere Monate später endet dann die Klagefrist.

Beachten Sie bei Mieterhöhungen sowohl die Zustimmungs-als auch die Kla-gefrist

Konkret für Ihren Fall gilt demnach: Hat der Mieter dem am 14.01. erhaltenen Mieterhöhungsverlangen nicht bis zum 31.03. zugestimmt, können Sie ihn hierauf verklagen. Spätes-

tens bis zum 30.06. müsste die Klage aber bei Gericht eingehen, ansonsten wäre sie unzulässig. Wir empfehlen Ihnen,
jetzt ein neues Mieterhöhungsverlangen zu verfassen, das Sie
mit dem qualifizierten Mietspiegel begründen und dem Mieter
zustellen. Angenommen, dieses geht Ihrem Mieter am 07.05.
zu, dann beginnt die Zustimmungsfrist von neuem und endet
mit dem 31.07. Stimmt der Mieter nun immer noch nicht zu,
können Sie noch bis zum 31.10. Ihre Klage einreichen.

Mietminderung

57
Darf mein Mieter bei Mängeln
die Mietzahlung zurückhalten?

Eine von mir vermietete Wohnung ist durch einen
Wasserschaden in der darüberliegenden Wohnung in
Mitleidenschaft gezogen. Mit einer Mietminderung des
Mieters wäre ich ja einverstanden, aber er sagt, er
zahlt gar nichts, bis die Wohnung wieder hergerichtet
ist. Darf er das?

Bei Mängeln darf der Mieter die Miete kürzen. Das ist allgemein bekannt. Weniger bekannt ist, dass der Mieter auch das Recht hat, die Mietzahlung vorläufig so lange zu verweigern, bis Sie als Vermieter die Mängel beseitigt haben. Das Gesetz gibt dem Mieter damit ein „Druckmittel" an die Hand, um einen Vermieter zu einer schnellen Mängelbeseitigung zu veranlassen. Nach Mängelbeseitigung muss Ihr Mieter zahlen.

Zwischen Mietminderung und Zurückbehaltungsrecht besteht jedoch ein wesentlicher Unterschied: Mindert Ihr Mieter berechtigterweise die Miete, so haben Sie hinsichtlich dieses Teils der Miete endgültig das Nachsehen. Für alle Monate, in denen der zur Minderung berechtigende Mangel besteht, schuldet der Mieter Ihnen nur die geminderte Miete. Macht er hingegen ein Zurückbehaltungsrecht geltend, ist die Einbehaltung der Miete nur vorläufig. Sobald der Mangel beseitigt ist, muss der Mieter Ihnen sämtliche zunächst zurückbehaltenen Monatsraten auszahlen.

Zurückbehaltene Miete muss nachgezahlt werden

Gut für Sie: Hat Ihr Mieter nur gesagt, er behält die Miete ein, bis der Mangel beseitigt ist, kann er es sich nicht später anders überlegen und plötzlich rückwirkend doch noch mindern. Er muss Ihnen nach der Mängelbeseitigung, also die gesamte offene Miete nachzahlen und darf nicht nachträglich einen Teil der Miete als Minderung endgültig einbehalten. Solange Sie den Mangel nicht beseitigt haben, kann er allerdings für die Zukunft noch eine Mietminderung geltend machen. Ein Zurückbehaltungsrecht ist neben einer Mietminderung möglich. Hat Ihr Mieter gesagt, er mindert die Miete, und behält er dann weitere Mietbeträge zusätzlich ein? Auch das ist ihm erlaubt.

Beispiel: Wegen des Wasserschadens mindert Ihr Mieter die Miete um 10%. Hinsichtlich des weiteren Mietanteils von 90% macht er ein Zurückbehaltungsrecht geltend. Nach Mängelbeseitigung muss er Ihnen dann die zurückbehaltenen 90% nachzahlen.

Achtung: Ist die Zurückbehaltung der Miete nur vorgeschoben und hat der Mieter wegen Zahlungsschwierigkeiten gar nicht die Absicht und die Möglichkeit, die zurückbehaltenen Mietbeträge nach Beseitigung der Mängel nachzuzahlen, entfällt das Zurückbehaltungsrecht. Die Folge: Der Mieter gerät mit den zurückbehaltenen Mietbeträgen in Verzug. Sie können bei entsprechender Höhe des Mietrückstands fristlos kündigen (LG Essen, Beschluss v. 14.02.08, Az. 15 S 14/08).

58
Darf mein Mieter wegen nicht vorhandener Thermostatventile die Miete mindern?

Mein Mieter mindert seit kurzem die Miete, weil, was stimmt, die Mietwohnung keine Thermostatventile hat. Ist das rechtens?

Wenn Ihre Wohnung mit einer Zentral- oder Etagenheizung beheizt wird, wobei Wasser als Wärmeträger dient, müssen Sie als Vermieter alle Heizkörper mit Thermostatventilen ausrüsten. Denn als Vermieter sind Sie verpflichtet, das Mögliche und Zumutbare dafür zu tun, dass die Heizungsanlage wirtschaftlich bedient werden kann.

Und dies setzt vorhandene Thermostatventile voraus, da hierdurch der Energieverbrauch verringert werden kann. Fehlen in Ihrer Mietwohnung danach erforderliche Thermostatventile, darf Ihr Mieter die Miete mindern. Die zulässige Höhe wird von den Gerichten im Einzelfall zwischen 5 bis 15% der Miete inklusive Nebenkosten angesiedelt. Die Ausrüstung der Heizkörper Ihrer Mietwohnung mit Thermostaten liegt also in Ihrem eigenen Interesse.

59
Mein Mieter mindert zu Unrecht – Kann ich ihm kündigen?

Wegen angeblicher Mängel der Fenster mindert mein Mieter die Miete von 600 € schon seit 10 Monaten um 20%, weshalb er derzeit pro Monat nur 480 € zahlt. Ich habe der Mietminderung widersprochen, denn die behaupteten Mängel bestehen nicht. Jedenfalls ist der Zustand der Fenster seit dem Einzug des Mieters vor einem Jahr unverändert. Was kann ich tun? Kann ich meinem Mieter wegen Zahlungsverzugs fristlos kündigen?

Wenn, wie Sie sagen, die Fenster intakt sind, darf Ihr Mieter nicht die Miete kürzen. Das Gleiche gilt nach § 536b S. 1 BGB, wenn die Fenster zwar nicht intakt sind, dies aber schon bei Beginn des Mietverhältnisses so war. Mindert Ihr Mieter die Miete in diesen Fällen trotzdem, können Sie ihm fristlos gemäß § 543 Abs. 2 Nr. 3b BGB kündigen, wenn der aufgelaufene Zahlungsrückstand die Höhe von 2 Monatsmieten erreicht. Das ist bei Ihnen, da sich der Mietrückstand auf 1.200 € (10 x 120 €) beläuft, der Fall.

Einer unberechtigten Minderung sollten Sie widersprechen

Gut ist, dass Sie der Mietminderung widersprochen haben. Denn nach einem Urteil des BGH vom 04.02.2004 kann ein Vermieter, der einer unberechtigten Mietminderung nicht widerspricht, sein Kündigungsrecht verlieren. Denn der Mieter kann dann davon ausgehen, dass der Vermieter die Mietminderung akzeptiert (BGH, Urteil v. 04.02.04, Az. VIII ZR 171/03).

In Ihrer Kündigung müssen Sie genau auflisten, in welchen Monaten Ihr Mieter zu wenig Miete gezahlt hat. Abmahnen müssen Sie Ihren Mieter vor Ihrer Kündigung aber nicht. Zieht der Mieter trotz Kündigung nicht aus, erheben Sie Räumungsklage gegen ihn. Und zwar bei dem Amtsgericht, in dessen Bezirk Ihre Wohnung gelegen ist.

Tipp: Beantragen Sie in dieser Klage gleichzeitig, den Mieter auf Zahlung des aufgelaufenen Mietrückstandes zu verurteilen.

Wichtig: Bestreitet Ihr Mieter die Rechtmäßigkeit Ihrer Kündigung, ist er es, der beweisen muss, dass die behaupteten Mängel tatsächlich vorliegen und er hierdurch erheblich beeinträchtigt ist. Gelingt ihm dies nicht, muss er die Wohnung räumen und wird gleichzeitig verurteilt, Ihnen die offene Miete zu zahlen.

Abmahnung,
Kündigung
&
Mietende

60
Kann bei falschen Angaben im Inserat der Mietvertrag später noch „platzen"?

Mein Mieter hat den Mietvertrag angefochten, weil ich die Wohnung angeblich mit „3-Zimmer-Wohnung, 70 qm" falsch inseriert hätte. Tatsächlich ist die Wohnung nur 62 qm groß. Der Mieter ist mit dieser „Begründung" gar nicht erst eingezogen und will für meine Wohnung keine Miete zahlen, obwohl ich noch keinen Nachmieter und daher finanzielle Einbußen habe. Darf er das?

Grundsätzlich gilt: Ein Mieter kann den Mietvertrag anfechten, wenn er sich bei Anmietung über eine wesentliche Eigenschaft der Wohnung, beispielsweise die Größe, geirrt hat oder vom Vermieter gar arglistig getäuscht wurde. Fehlerhafte Angaben in einem Zeitungsinserat können zu solchen Irrtümern beitragen. Ihr Mieter müsste aber beweisen, dass er die Wohnung bei Kenntnis der wirklichen Größe nicht angemietet hätte.

Entscheidend ist in solchen Fällen aber nicht allein die Aussage eines Inserats, sondern viel größere Bedeutung hat, ob ein Besichtigungstermin stattgefunden hat und was dabei zwischen Ihnen und Ihrem Mieter besprochen wurde. Hat der Mieter überhaupt gezeigt, dass ihm die genaue Quadratmeterzahl der Wohnung wichtig ist? Oder war die Wohnfläche gar kein Thema?

Entscheidend ist der Vertragsinhalt

In einem ähnlichen Fall wie Ihrem hat das Amtsgericht Frankfurt am Main die Anfechtung abgelehnt und den Mieter zur

Mietzahlung verurteilt: Das gesamte Erscheinungsbild und die Beschaffenheit der Wohnung seien für den Mieter ursächlich für den Abschluss des Mietvertrags gewesen, über die Größenangabe war bei der Besichtigung gar nicht gesprochen worden (AG Frankfurt am Main, Urteil v. 05.05.06, Az. 33 C 582/06-50).

Dass es immer auf die konkrete Verhandlung bei Vertragsabschluss ankommt, zeigt auch eine Entscheidung des Landgerichts Essen: Eine Wohnung war als „kinderfreundlich" inseriert worden. Die Mieterin, eine alleinerziehende Mutter, hatte vor Unterzeichnung des Vertrags besonders darauf hingewiesen, dass für sie ausschließlich eine kinderfreundliche Wohnung in Betracht komme. Schon am Einzugstag – und auch danach immer wieder – beschwerte sich eine Mitbewohnerin des Hauses über angeblichen Kinderlärm. Eine friedliche Einigung gelang nicht. Die Mieterin konnte den Vertrag anfechten (LG Essen, Urteil v. 20.07.04, Az. 15 S 56/04).

Fazit: Der Versuch, eine Wohnung mit überzogen positiven Aussagen in Inserat und Besichtigungstermin „an den Mann zu bringen", lohnt sich für Sie nicht.

61
In welchen Fällen wird meine fristlose Kündigung durch Zahlung des Mieters unwirksam?

Ich habe meinem Mieter vor gut einem Jahr wegen Zahlungsverzugs fristlos gekündigt. Weil er dann plötzlich alle Mietrückstände gezahlt hat, habe ich

das Mietverhältnis weiterlaufen lassen. Jetzt ist er
wieder mit 3 Monatsmieten im Rückstand, hat aber
gesagt, er will seine Schulden bald bezahlen. Kann ich
trotzdem kündigen? Ich habe gehört, die Kündigung
wird unwirksam, wenn der Mieter zahlt.

Sie können kündigen. Warten Sie jedoch mit Ihrer Kündigungserklärung nicht zu lange! Hat Ihr Mieter nämlich sämtliche Mietrückstände ausgeglichen, bevor er Ihre Kündigung erhält, ist es mit der Kündigungsmöglichkeit vorbei. Ihre nach Zahlung der offenen Mieten erklärte Kündigung wäre unwirksam. Solange aber ein Mietrückstand besteht, auch wenn er nur noch wenige Euro oder Cent beträgt, haben Sie das Recht, das Mietverhältnis zu beenden.

Zu Ihrer zweiten Frage: Wird die Kündigung unwirksam, wenn Ihr Mieter nach der Kündigung sämtliche Schulden bezahlt? Nein, in Ihrem Fall nützt ihm die Zahlung nichts mehr. Grundsätzlich gilt zwar, dass eine fristlose Kündigung wegen Zahlungsverzugs unwirksam wird, wenn der Mieter daraufhin alle fälligen Mieten bezahlt. Sogar wenn der Vermieter schon Räumungsklage erhoben hat, kann der Mieter noch innerhalb von zwei Monaten nach Klageerhebung zahlen und so die Kündigung abwenden.

Wiederholte Kündigung bleibt auch bei Zahlung wirksam

Eine Vorschrift im Bürgerlichen Gesetz auch (BGB) bestimmt jedoch, dass ein Mieter die fristlose Kündigung durch nachträgliche Zahlung nicht beliebig oft abwenden kann. Dieses Recht hat er nur einmal innerhalb von zwei Jahren. Und Ihr Mieter hat bereits vor gut einem Jahr Ihre fristlose Kündigung durch Zahlung vernichtet.

Prüfen Sie die
Zweijahresfrist
Es kommt also jetzt darauf an, wann die neue Kündigung Ihrem Mieter zugeht. Von diesem Tag an rechnen Sie 2 Jahre zurück. Liegt Ihre damalige Kündigung (Zugang beim Mieter) innerhalb dieser Zeitspanne, wird Ihre neue Kündigung durch nachträgliche Zahlung des Mieters nicht mehr unwirksam. Liegt Ihre damalige Kündigung allerdings mehr als 2 Jahre zurück, kann der Mieter der Kündigung auch diesmal wieder durch Zahlung entgehen.

62
Darf mein Mieter
vom Mietvertrag zurücktreten?

Mit meinem Mieter habe ich am 11.07.2010 einen Wohnraummietvertrag abgeschlossen, der zum 01.09.2010 beginnen sollte. Jetzt, genauer gesagt am 18.08.2010, hat mir der Mieter in einem von ihm unterschriebenen Brief mitgeteilt, er wolle die Wohnung doch nicht beziehen und dass er deshalb vom Mietvertrag zurücktrete. Darf er das?

Vom Mietvertrag zurücktreten darf Ihr Mieter nur, wenn Sie mit ihm ein Rücktrittsrecht im Mietvertrag vereinbart haben oder aber ein gesetzlicher Rücktrittsgrund vorliegt. Letzter ist zum Beispiel gegeben, wenn Sie Ihrem Mieter nicht rechtzeitig die Wohnung übergeben können, etwa wegen nicht termingerecht beendeter Instandsetzungsarbeiten, und er Ihnen hierzu erfolglos eine Frist gesetzt hat.

Wichtig: Wenn Ihrem Mieter ein vertragliches Rücktrittsrecht eingeräumt wurde, kann er hiervon nur Gebrauch machen, solange ihm die Mieträume noch nicht überlassen wurden. Hat der Mieter die Wohnung schon bezogen, kann er trotz eines vertraglichen Rücktrittsrechts das Mietverhältnis nur durch Kündigung beenden. Das Gleiche gilt, wenn der Mieter kein Recht zum Rücktritt (vertraglich oder gesetzlich) besitzt und die Wohnung noch nicht bezogen hat. Wichtig: In diesen Fällen beginnt die 3-monatige Kündigungsfrist dann zu laufen, wenn Sie die Kündigung erhalten haben.

Ein gesetzliches Rücktrittsrecht gibt es nicht

Da Sie weder ein vertragliches Rücktrittsrecht Ihres Mieters erwähnen, noch Anhaltspunkte für einen gesetzlichen Rücktrittsgrund mitteilen, muss Ihr Mieter also kündigen, um seinen Mietvertrag zu beenden. Das hat er zwar nicht ausdrücklich getan, doch legen die Gerichte in einem solchen Fall die Rücktrittserklärung als Kündigung aus (siehe auch nachfolgende Frage).

Voraussetzung: Die Erklärung des Mieters erfolgt schriftlich und trägt seine Original-Unterschrift, weshalb ein Telefax also nicht ausreichend wäre. Da dies in Ihrem Fall geschehen ist, müssen Sie den Rücktritt Ihres Mieters also als Kündigung auffassen: Danach beginnt die 3-monatige Kündigungsfrist am 3. Werktag des Folgemonats, also des September 2010, zu laufen und endet mit Ablauf des übernächsten Monats.

Konkret: Am 30.11.2010 um 0.00 Uhr endet Ihr Mietverhältnis. Bis zu diesem Zeitpunkt kann Ihr Mieter die Wohnung nutzen - muss Ihnen aber auch die Miete zahlen.

63
Gilt der (Fax-)Rücktritt
vom Mietvertrag als Kündigung?

*Mein Mieter hat am 18.02.2009 den Mietvertrag
unterschrieben; am 01.04.2009 sollte das Mietverhältnis beginnen. Am 02.03.2009 erhielt ich ein Fax
von meinem Mieter, in dem er den Wunsch äußerte,
dass der Mietvertrag „rückgängig" gemacht werde,
insofern erkläre er „den Rücktritt vom Mietvertrag".
Ist das rechtens und muss ich mir jetzt einen neuen
Mieter suchen?*

Vom Mietvertrag zurücktreten kann ein Mieter nur, wenn ihm
dieses Recht im Mietvertrag ausdrücklich eingeräumt ist. Dies
kommt in der Praxis nur sehr selten vor. Darüber hinaus kann
ein Mieter den Rücktritt erklären, wenn der Vermieter nicht
in der Lage ist, dem Mieter die Mieträume wie vereinbart zur
Verfügung zu stellen. Zum Beispiel dann, wenn der Vormieter
nicht rechtzeitig auszieht. Damit der Rücktritt in einem solchen Fall wirksam ist, muss der Mieter dem Vermieter aber
zuvor erfolglos eine Frist mit Ablehnungsandrohung gesetzt
haben. Danach durfte Ihr Mieter nicht vom Mietvertrag
zurücktreten.

Allerdings ist jede Erklärung des Mieters, er wolle das Mietverhältnis nicht (fort-)führen, in eine ordentliche Kündigung
umzudeuten. Wegen der gesetzlichen 3-monatigen Kündigungsfrist würde das Mietverhältnis dann am 31.05.2009
enden (die früher vertretene Auffassung, wonach die 3-Mo-
nats-Frist erst mit Mietbeginn zu laufen beginnt, ist mittlerweile überholt). In Ihrem Fall ergibt sich allerdings die Beson-

derheit, dass Ihnen der Rücktritt per Fax zuging, die Kündigung eines Wohnungsmietvertrages aber immer schriftlich erklärt werden muss (§ 568 Abs. 1, 126 BGB).

Und das bedeutet: Auf der Kündigungserklärung muss die Originalunterschrift stehen. Da dies bei einem Fax ja nicht der Fall ist, wäre die Kündigung aber unwirksam. Ergebnis: Auch wenn der unzulässige Rücktritt Ihres Mieters in eine Kündigung umzudeuten ist, so ist diese wegen fehlender Schriftform jedoch unwirksam. Ihr Mietverhältnis besteht mit allen Rechten und Pflichten daher fort und Sie müssen sich (noch) keinen neuen Mieter suchen.

Kündigung nur mit Unterschrift wirksam

64
Unpünktliche Mietzahlungen: Ab wann ist ein Mieter in Verzug und wie kann ich reagieren?

Mit meinem Mieter habe ich im Mietvertrag keine spezielle Regelung getroffen, wann er die Miete zu zahlen hat, ich meine aber, dass er dies am 3. Werktag eines Monats zu tun hat. Stimmt das? Und wann kann ich ihn dann wegen unpünktlicher Mietzahlung abmahnen bzw. ihm kündigen?

Stimmt, das Bürgerliche Gesetzbuch legt in § 556b fest, dass die Miete spätestens am 3. Werktag eines Monats zu entrichten ist. Das bedeutet aber nicht, dass an diesem Tag die Miete auch bei Ihnen eingehen muss. Der Mieter muss bis zu diesem Tag nur das zur Zahlung Erforderliche tun.

Gesetz: Zahlung am 3. Werktag

Es reicht also, wenn er die Miete erst an diesem Tag überweist. Geht die Miete dann am 4. oder 5. Werktag auf Ihrem Konto ein, können Sie Ihrem Mieter keinen Zahlungsverzug vorwerfen. Bleibt die Miete jedoch aus, können Sie wegen der unterschiedlichen Überweisungszeiten erst ab dem 6.Werktag sicher davon ausgehen, dass Ihr Mieter seiner Zahlungsverpflichtung nicht rechtzeitig nachgekommen ist. Erst dann befindet er sich in Verzug, weshalb Sie ihn nun abmahnen und im Wiederholungsfall auch kündigen können.

Tipp: Um diese Unsicherheiten zu vermeiden, sollten Sie im Mietvertrag Folgendes festlegen: „Die Miete ist im Voraus spätestens am 3. Werktag zu zahlen, wobei es für die Rechtzeitigkeit der Leistung nicht auf deren Vornahme, sondern auf deren Erfüllung ankommt". So stellen Sie klar, dass die Miete am 3. Werktag Ihrem Konto gutgeschrieben sein muss und Zahlungsverzögerungen zu Lasten Ihres Mieters gehen.

Der Samstag ist kein Werktag

Fällt der 3. Werktag auf einen Samstag, Sonn- oder Feiertag, zählen diese Tage nicht mit und die Frist läuft erst am folgenden Werktag ab. Fällt dagegen der 1. oder 2. Tag auf einen Samstag, wird dieser als Werktag mitgezählt.

Übrigens: Kommt ein Mieter mit der Mietzahlung in Verzug, können Sie gemäß § 286 Abs. 2 Nr. 1 BGB direkt Verzugszinsen in Höhe von 5% über dem Basiszinssatz von ihm fordern, ohne die Zahlung vorher angemahnt haben zu müssen (der Basiszinssatz wird von der Europäischen Zentralbank jährlich zum 01.01. und zum 01.07. festgelegt).

65
Muss ich meinen Mieter auch vor einer ordentlichen Kündigung abmahnen?

Mein Mieter zahlt die Miete immer wieder unpünkt-lich und ich bin nicht gewillt, dies länger hinzuneh-men, zumal ich meine Wohnung auch gut neu ver-mieten könnte. Ich habe gelesen, dass ich meinem Mieter in diesem Fall auch ordentlich mit der gesetz-lichen Frist von drei Monaten kündigen kann, nur weiß ich nicht, ob ich ihn vorher noch abmahnen muss.

Verletzt Ihr Mieter „seine vertraglichen Pflichten schuldhaft nicht unerheblich", können Sie ihm als Vermieter den Miet-vertrag ordentlich kündigen. Also auch wegen wiederholt unpünktlicher Mietzahlung, wie der Bundesgerichtshof (BGH) schon vor einiger Zeit klargestellt hat (BGH, Urteil v. 11.01.06, Az. VIII ZR 364/04).

Anders als bei der fristlosen Kündigung schreibt das Bürger-liche Gesetzbuch Ihnen bei der ordentlichen Kündigung nicht vor, dass Sie Ihren Mieter zuvor erfolglos abgemahnt haben müssen.

Es muss Wieder-holungsgefahr bestehen

Durch die Hintertür wird genau dies von vielen Richtern aber dennoch verlangt: Als erheblich wird die Pflichtverletzung nämlich oft nur gewertet, wenn „Wiederholungsgefahr" besteht, also dann, wenn der Mieter sie trotz einer Abmah-nung begangen hat. Gehen Sie kein unnötiges Risiko ein und mahnen Sie Ihren Mieter auch vor Ausspruch einer ordentli-chen Kündigung immer ab. Beschreiben Sie seine Pflichtverletzung darin so genau wie möglich. Sodann kündigen Sie Ihrem Mieter „fristlos, hilfsweise fristgemäß". Denn mit Ihrer Abmahnung haben Sie nun auch die Voraussetzung für eine fristlose Kündigung geschaffen.

Übrigens: Da die Pflichtverletzung des Mieters „schuldhaft" sein muss, wird von Mietern immer wieder gefolgert, eine ordentliche Kündigung wegen nicht oder verspätet gezahlter Miete sei ihnen nicht möglich. Diese Auffassung ist falsch, denn der Gesetzgeber geht davon aus, dass ein Schuldner seine unzureichende finanzielle Leistungsfähigkeit immer zu vertreten hat, seine hierauf gründenden Pflichtverletzungen also immer schuldhaft sind.

66
Kündigung wegen Eigenbedarfs – Die Lebensplanung des Vermieters ist grundsätzlich zu achten

Ich habe meinem Mieter wegen Eigenbedarfs gekündigt, aber er hat meiner Kündigung widersprochen: Die Wohnung sei mit 95 qm für mich allein viel zu groß, außerdem müsse ich die unvermietete Wohnung im Erdgeschoss beziehen. Dies möchte ich aber nicht, weil die Erdgeschosswohnung über ein Zimmer weniger verfügt und ich daher kein separates Gästezimmer für meine erwachsenen Kinder einrichten könnte, die mich häufig besuchen. Was kann ich tun?

Die Argumente Ihres Mieters gegen Ihre Kündigung sind nicht stichhaltig. Sie können verlangen, dass er die Wohnung für

Sie frei macht. Allerdings müssen Sie ihm anbieten, dass er selbst in die Erdgeschosswohnung umziehen kann.

Es ist zwar richtig, dass eine Eigenbedarfskündigung unzulässig wäre, wenn Sie weit überhöhten Wohnbedarf geltend machen würden. Sie begründen aber vernünftig und nachvollziehbar, weshalb Sie eine so große Wohnung benötigen. Deshalb muss Ihr Mieter und im Streitfall auch die Gerichte Ihren Selbstnutzungswunsch und die darauf gestützte Kündigung akzeptieren. Das Bundesverfassungsgericht und der Bundesgerichtshof betonen immer wieder: Weder Ihr Mieter noch die Gerichte dürfen Ihnen eigene Vorstellungen über angemessenes Wohnen und eine zukünftige Lebensplanung aufdrängen (BVerfG, Beschluss v. 01.03.91, Az. 1 BvR 1100/90).

Sie dürfen großzügig leben

Ihr Mieter kann auch nicht verlangen, dass Sie selbst die unbewohnte Erdgeschosswohnung beziehen. Schließlich unterscheiden sich die beiden Wohnungen, und Sie haben sachlich begründet, warum die freie Wohnung für Sie nicht in Frage kommt. Auch insoweit ist Ihre Lebensplanung zu achten.

Da in Ihrem Fall im gleichen Gebäude eine etwa gleich große Wohnung frei ist, müssen Sie Ihrem Mieter die Möglichkeit bieten, statt der gekündigten Wohnung die Erdgeschosswohnung anzumieten. Die Pflicht, bei Eigenbedarfskündigung dem Mieter eine Ersatzwohnung anzubieten, besteht immer dann, wenn Sie im selben Haus oder in derselben Wohnanlage eine vergleichbare Wohnung zur Verfügung stellen können. Es ist dabei egal, ob die Wohnung bereits bei Ausspruch der Kündigung frei ist oder ob sie erst später, aber noch vor Ende

Wann Sie Ihrem Mieter eine Alternativwohnung anbieten müssen

des Mietverhältnisses frei wird. Bleibt Ihr gekündigter Mieter aber nach Mietende noch in der Wohnung und wird erst dann eine andere Wohnung im Haus frei, müssen Sie diese nicht mehr anbieten.

67
Eigenbedarf auch für
gewerbliche Nutzung?

Ich plane, meinen Mietern wegen Eigenbedarfs zu kündigen, da ich die Wohnung für mich benötige. Künftig möchte ich dort wohnen, weil ich dann näher bei meinen Kindern bin. Ungefähr die Hälfte der Wohnfläche möchte ich aber auch gewerblich nutzen – ich bin Architekt. Stellt es ein Problem für die Kündigung dar, dass ich die Mieträume nicht nur bewohnen, sondern auch für die Berufsausübung nutzen möchte?

Nein, das ist seit einer Grundsatzentscheidung des Bundesgerichtshofs aus dem Jahr 2005 kein Problem mehr. Zuvor hatte schon das Bundesverfassungsgericht ganz grundsätzlich entschieden, dass der Entschluss des Vermieters, seine Wohnung selbst zu nutzen, wegen seines vom Grundgesetz geschützten Eigentums (Artikel 14) zu achten sei (BVerfGE 81, 29, 32).

BGH: Berufsausübung rechtfertigt Eigenbedarf

In der besagten Entscheidung des BGH hatte dieser klargestellt, dass für den Wunsch des Vermieters, seine Wohnung für eigene Wohnzwecke und daneben für eigene berufliche Zwecke zu nutzen, nichts anderes gelten kann (BGH, Beschluss v. 05.10.05, Az. VIII ZR 127/05). Auch in dem BGH-Fall war der

Vermieter übrigens ein Architekt, der die Räume sogar „überwiegend" für seine Berufsausübung nutzen wollte. Allerdings: Soll die wegen Eigenbedarfs zu kündigende Wohnung künftig ausschließlich zu Gewerbezwecken genutzt werden, ist Vorsicht angebracht. Denn hierzu liegt noch keine höchstrichterliche Entscheidung vor, und viele Juristen meinen, dass eine Eigenbedarfskündigung dann nicht möglich sei.

Tipp: Immer wieder erweisen sich eigentlich berechtigte Eigenbedarfskündigungen als unwirksam, weil sie nicht ausreichend begründet sind. Auch wenn man sich vor dem Mieter nicht so gern erklären mag, sollten Sie dies in Ihrem eigenen Interesse tun: Begründen Sie das persönliche Interesse an der Wohnung so genau wie möglich.

68
Muss die Witwe des Mieters die gemeinsame Wohnung mit gesetzlicher Frist kündigen?

Mein Mieter ist vor 2 Monaten verstorben. Seine Ehefrau hat inzwischen – wie sie sagt – alles Notwendige geregelt und möchte nun aus der Wohnung ausziehen.
Sie glaubt, da sie den Mietvertrag nicht mit unterschrieben hat, ist der Vertrag durch den Tod des Ehemannes ohnehin beendet. Stimmt das? Oder muss sie das Mietverhältnis mit der gesetzlichen Frist kündigen?

Die Ehefrau Ihres verstorbenen Mieters irrt sich. Ein Mietverhältnis endet nicht mit dem Tod des Mieters. Vielmehr regelt § 563 Bürgerliches Gesetzbuch (BGB), dass das Mietverhältnis automatisch mit denjenigen Personen fortgesetzt wird, die mit dem verstorbenen Mieter in einem Haushalt gelebt haben. Der Grund: Den Haushaltsangehörigen soll die vertraute Wohnung auch nach dem Tod des alleinigen Mieters erhalten bleiben.

Ehefrau kann Eintritt in den Vertrag ablehnen – Frist: 1 Monat

Innerhalb eines Monats, nachdem die Ehefrau vom Tod ihres Gatten erfahren hat, hätte sie Ihnen gegenüber erklären können, dass sie an einem Eintritt in den Mietvertrag kein Interesse hat. Auch diese Frist regelt § 563 BGB. Nach einer solchen Erklärung können Sie aber auf dem sofortigen Auszug bestehen.

Da in Ihrem Fall schon 2 Monate vergangen sind, ist die Frist bereits verstrichen. Jetzt reicht die einfache Erklärung zur Beendigung des Mietverhältnisses nicht mehr aus. Die Ehefrau Ihres verstorbenen Mieters ist vielmehr, da sie sich 1 Monat lang nicht geäußert hat, unweigerlich per Gesetz zu Ihrer neuen Mieterin geworden. Ob ihr dies bewusst war, spielt keine Rolle. Deshalb kann sie den Mietvertrag jetzt auch nur noch nach den allgemeinen gesetzlichen Vorschriften kündigen. Beachten Sie: Hatten Sie mit Ihrem Mieter einen befristeten Kündigungsausschluss wirksam vereinbart, ist nun auch die Witwe daran gebunden.

69
Hat mein Mieter Rechte gegen eine unzutreffende Abmahnung?

Wegen störenden Lärms innerhalb der Ruhezeiten habe ich meinen Mieter abgemahnt. In der Abmahnung habe ich ihm zugleich angedroht, dass ich ihm

*fristlos kündigen werde, wenn es zu weiteren
Beschwerden über Lärmbelästigungen kommt. Mein
Mieter hält die Abmahnung für ungerechtfertigt und
hat angekündigt, mich auf „Widerruf der Abmahnung" zu verklagen. Darf er das?*

Nein, eine derartige Klage ist im Mietrecht unzulässig, wie der
BGH entschieden hat (BGH, Urteil v. 20.02.08, Az. VIII ZR
139/07). Seither steht fest: Anders als im Arbeitsrecht, wo ein
Arbeitnehmer auf Löschung oder Entfernung einer unberechtigten Abmahnung aus der Personalakte klagen kann, darf ein
Mieter dies nicht verlangen. Für Sie als Vermieter ergibt sich
daraus ein klarer Vorteil: Denn Ihr Mieter kann nicht auf
gerichtliche Überprüfung der Rechtmäßigkeit der Abmahnung
klagen. Also müssen Sie auch nicht die Kosten des Gerichtsverfahrens tragen, wenn Sie es verlieren und die Abmahnung
unberechtigt war.

Trotzdem bleibt die Frage bedeutsam, ob die Abmahnung zu
Recht erfolgt ist. Denn für eine fristlose Kündigung wegen
Lärmbelästigung (wie auch wegen unpünktlicher Mietzahlung) ist Voraussetzung, dass der Mieter zuvor erfolglos abgemahnt worden ist. Und erfolglos kann eine Abmahnung nur
dann sein, wenn sie überhaupt berechtigt war.

Fristlose Kündigung setzt korrekte Abmahnung voraus

Das heißt: Kündigen Sie Ihrem Mieter fristlos wegen Lärmbelästigung und zieht der Mieter nicht aus, müssen Sie Ihren
Mieter auf Räumung der Wohnung verklagen. In diesem Prozess prüft das Gericht von sich aus, ob die Kündigung recht-
mäßig war. War dies nicht der Fall, weil die Abmahnung nicht
berechtigt war, wird das Gericht Ihre Klage abweisen – auf Ihre
Kosten. Fazit: Zwar brauchen Sie nicht zu befürchten, dass Ihr

Mieter gegen eine unberechtigte Abmahnung klagt. Bestehen aber Zweifel an der Rechtmäßigkeit der Abmahnung, sollten Sie nicht auf diese Abmahnung gestützt kündigen, sondern zuvor eine zweifelsfrei begründete Abmahnung aussprechen.

Tipp: Vergewissern Sie sich vor einer Kündigung immer, ob Sie zuvor korrekt abgemahnt haben – bei Unsicherheit besser mit anwaltlicher Hilfe.

70
Wann verjährt die
Einkommenslüge meines Mieters?

Durch Zufall habe ich jetzt herausgefunden, dass mich mein Mieter vor Abschluss des Mietvertrages belogen hat: Damals erklärte er mir, dass er als kaufmännischer Angestellter ein monatliches Gehalt von netto 3.300 € hat. Daraufhin habe ich mit ihm den Mietvertrag geschlossen. Tatsächlich arbeitet er freiberuflich und die 3.300 € sind sein Bruttoeinkommen. Obwohl der Mieter seither – in den letzten 2 Jahren – die Miete und Betriebskosten pünktlich bezahlt hat, fühle ich mich hintergangen und möchte ihm kündigen. Kann ich das?

Ja, nach einem wichtigen Urteil des Landgerichts München darf ein Vermieter wegen einer falschen Auskunft des Mieters auch dann fristlos kündigen, wenn sich die „Einkommenslüge" des Mieters im Mietverhältnis nicht nachteilig ausgewirkt hat und sie schon über 2 Jahre zurückliegt (LG München I, Urteil v. 25.03.09, Az. 14 S 18532/08).

Maßgeblich für das Kündigungsrecht des Vermieters ist allein der Umstand, dass der Mieter in einem Punkt die Unwahrheit gesagt hat, der für den Abschluss des Mietvertrages von ausschlaggebender Bedeutung ist. Und das ist nicht nur bei den Einkommensverhältnissen der Fall, sondern auch bei der Art der Beschäftigung. Denn wenn sich der Mieter in einem Angestelltenverhältnis befindet, hat er gegenüber einer freien Beschäftigung Vorteile, die auch im Interesse des Vermieters liegen: Kündigungsschutz und Gehaltszahlung im Krankheitsfall.

Kündigung des Mieters bei Täuschung rechtens

Werden Sie als Vermieter nun über das Vorhandensein dieser Umstände getäuscht, berechtigt auch dies zur fristlosen Kündigung des Mietvertrages. Zudem stellten die Richter klar, dass die Einkommenslüge nicht verjährt. Es spielt also keine Rolle, wie lange die Lüge schon her ist.

Tipp: Um sich vor falschen Auskünften zu schützen, weisen Sie Ihre Mietinteressenten stets auf dieses Urteil hin. Bei den Einkommensverhältnissen beschönigen Mietinteressenten nämlich häufig ihre Situation, nicht selten in dem Glauben: „Hauptsache ich bekomme den Vertrag, das klappt dann schon". Wenn es dann später, wie so oft, nicht funktioniert, haben Sie als Vermieter das Nachsehen. Weiß aber der Mieter, dass ihm bei falscher Auskunft fristlos gekündigt werden kann, wird er sich eine falsche Auskunft 2-mal überlegen.

Beachten Sie: Wurde bei einem Mietinteressenten das Insolvenzverfahren eröffnet, muss er den potenziellen Vermieter vor Abschluss des Mietvertrages hierüber ungefragt aufklären. Das Gleiche gilt, wenn ihm vom bisherigen Vermieter wegen Mietschulden gekündigt wurde. Geschieht dies nicht, darf der

Über Insolvenz muss der Mieter ungefragt Auskunft geben

Vermieter den Mietvertrag ebenfalls fristlos kündigen (LG Bonn, Beschluss v. 16.11.05, Az. 6 S 226/05).

71
Beseitigt die Mietnachzahlung meines Mieters die Kündigungswirkung – trotz offener Betriebskostenabrechnung?

Mein Mieter befand sich mit der Zahlung von 3 Monatsmieten und einer Betriebskostenabrechnung in Verzug. Ich habe ihm die Wohnung fristlos gekündigt. Daraufhin hat er die 3 Monatsmieten gezahlt. Er behauptet, dadurch sei meine Kündigung vom Tisch. Stimmt das? Die Betriebskostennachzahlung ist nämlich immer noch offen.

Nachzahlung der Mieten macht Ihre Kündigung unwirksam

Ja, Ihr Mieter hat leider Recht. Haben Sie eine Wohnung wegen Zahlungsverzugs fristlos gekündigt, wird Ihre Kündigung unwirksam, wenn Ihr Mieter die Zahlungsrückstände der fälligen Miete innerhalb der Schonfrist ausgleicht.

Zu den „fälligen Mieten" zählen nur die regelmäßigen Mietzahlungen, also die Kaltmiete, Betriebskostenvorauszahlungen und eventuell vereinbarte Zusatzbeträge für Garage, Möblierung oder gewerbliche Nutzung. Hat er die Rückstände aus all diesen Beträgen vollständig gezahlt, wird Ihre fristlose Kündigung unwirksam. Einmalzahlungen wie Ihre Betriebskostennachzahlung, aber beispielsweise auch Verzugszinsen, Mahn- oder Anwaltskosten kann Ihr Mieter zunächst ohne Schaden missachten.

Tipp: Verweigert Ihr Mieter die Zahlung derartiger Einmalbeträge, können Sie ihn abmahnen und ihm bei weiterer Weigerung wegen Verletzung der Pflichten aus dem Mietvertrag ordentlich kündigen (§ 573 Abs. 2 Nr. 1 BGB). Möglich ist auch, die Kündigung fristlos und „hilfsweise fristgerecht" auszusprechen. Vorteil: Anders als die fristlose Kündigung wird Ihre fristgerechte Kündigung durch die nachträgliche Zahlung des Rückstands nicht unwirksam.

72
Kündigungsausschluss: Hat mein Mieter nach einer Mieterhöhung trotzdem ein Sonderkündigungsrecht?

Meiner Mieterhöhung hat mein Mieter nicht zugestimmt, stattdessen schickt er mir eine Kündigung. Er sagt, die neue Miete sei ihm zu hoch. Im Mietvertrag haben wir aber die Kündigung für 3 Jahre ausgeschlossen und diese Frist ist noch nicht abgelaufen. Ist seine Kündigung trotzdem wirksam?

Leider ja – vorausgesetzt, Ihr Mieter hat die gesetzlichen Fristen eingehalten. In § 561 Bürgerliches Gesetzbuch (BGB) ist geregelt, dass ein Mieter das Mietverhältnis kündigen darf, wenn der Vermieter eine Mieterhöhung geltend macht. Dieses Sonderkündigungsrecht können Sie auch nicht durch vertragliche Vereinbarung ausschließen. Obwohl Sie also im Mietvertrag die ordentliche Kündigung für 3 Jahre ausgeschlossen haben, darf Ihr Mieter die Mieterhöhung zum Anlass nehmen, das Mietverhältnis vorzeitig zu kündigen.

Ihr Mieter muss sich bis Ende des 2. Monats entscheiden

Die Kündigung Ihres Mieters ist aber nur dann wirksam, wenn sie Ihnen rechtzeitig zugegangen ist. Rechtzeitig heißt: bis zum Ablauf des 2. Monats nach dem Erhalt Ihrer Mieterhöhungserklärung. Beispiel: Ihre Erhöhungserklärung ist dem Mieter am 15.06. zugegangen. Haben Sie die Kündigung Ihres Mieters spätestens am 31.08. erhalten, war sie rechtzeitig. Das Mietverhältnis endet dann weitere 2 Monate später, im Beispiel also am 31.10. Die 3-monatige Kündigungsfrist gilt hier nicht. Und außerdem: Bis zum Ende des Mietverhältnisses braucht Ihr Mieter nur die bisher geltende Miete zu zahlen.

Kein Sonderkündigungsrecht bei Betriebskostensteigerungen

Erhöhen Sie nur die Betriebskostenvorauszahlungen, besteht für den Mieter kein Sonderkündigungsrecht. Auch vereinbarte Mietsteigerungen eröffnen dem Mieter keine besondere Kündigungsmöglichkeit. Also: keine Kündigung, wenn der Mieter Ihrer Mieterhöhung bereits zugestimmt hat oder wenn Mietsteigerungen aufgrund einer vereinbarten Staffel- oder Indexmiete eintreten.

73
Hat mein Mieter auch ein Vorkaufsrecht, wenn ich an Angehörige verkaufen will?

Meine Schwester und ich haben ein Mehrfamilienhaus geerbt. Wir wollen das Haus in Eigentumswohnungen aufteilen und diese verkaufen. Die Wohnung im Erdgeschoss will mein Neffe, der Sohn meiner Schwester kaufen. Der Mieter der Wohnung meint, er habe ein Vorkaufsrecht und wir müssten an ihn verkaufen. Ist das so?

Ihr Mieter irrt sich. Zwar besteht ein solches Vorkaufsrecht beim Verkauf einer in eine Eigentumswohnung umgewandelten Wohnung – gemäß § 577 Abs. 1 Satz 2 BGB gilt dies aber nicht beim Verkauf an Familienangehörige. Im Allgemeinen funktioniert das Vorkaufsrecht so: Haben Sie als Vermieter Mietwohnungen in Eigentumswohnungen umgewandelt und verkaufen eine der Wohnungen, sind Sie verpflichtet, Ihren Mieter über die ausgehandelten Verkaufsbedingungen zu informieren.

Gleichzeitig teilen Sie ihm mit, dass er ein Vorkaufsrecht hat. Ihr Mieter kann dann entscheiden, ob er an Stelle des von Ihnen gefundenen Käufers in den Kaufvertrag eintreten will. Er kauft bei Interesse die Wohnung also zu genau den Bedingungen, die Sie mit dem ursprünglichen Käufer ausgehandelt hatten. Dieses Recht hat nicht nur ein Mieter, der bereits sein Kaufinteresse angemeldet hat. Vielmehr gilt: Beim Verkauf jeder Ihrer neu umgewandelten Eigentumswohnungen müssen Sie den entsprechenden Mieter informieren.

Eine Änderung des Vertrages darf nicht verlangt werden

Ein Mieter, der sein Vorkaufsrecht ausüben will, muss dies dem Verkäufer des notariellen Kaufvertrages, also Ihnen und Ihrer Schwester gegenüber, schriftlich erklären. Dafür bleiben ihm 2 Monate, nachdem er Ihre Information über den erfolgten Verkauf und das Vorkaufsrecht erhalten hat. Spätestens dann muss Ihnen seine Erklärung zugehen, dass er das Vorkaufsrecht ausübt. Ist er zu spät, kommt der Kaufvertrag zwischen Ihnen und Ihrem ursprünglichen Käufer zustande.

Normalerweise hat Ihr Mieter 2 Monate Bedenkzeit

Pech für den Mieter Ihrer Erdgeschosswohnung: Das Vorkaufsrecht besteht nicht bei Wohnungen, die Sie an einen Familienangehörigen verkaufen, beispielsweise an Eltern, Kin-

Beim Verkauf an Familie besitzt Ihr Mieter kein Vorkaufsrecht

der, Enkel, aber auch Nichten und Neffen oder Schwiegereltern. Und auch nicht bei einem späteren Weiterverkauf.

74
Kann ich aus einem
Mietaufhebungsvertrag vollstrecken?

Ich möchte mit meinem Wohnungsmieter einen Mietaufhebungsvertrag schließen, da ich mir nicht sicher bin, ob meine Kündigung wegen Eigenbedarfs begründet ist. Ich frage mich aber, was passiert, wenn der Mieter zum vereinbarten Zeitpunkt nicht auszieht. Kann ich dann gleich den Gerichtsvollzieher mit der Räumung beauftragen?

Nein, das können Sie nicht. Denn aus einem Mietaufhebungsvertrag kann nicht die Zwangsvollstreckung betrieben werden. Zieht der Mieter nicht aus, müssen Sie auch hier eine Räumungsklage gegen Ihren Mieter erheben. Erst auf der Grundlage des Räumungsurteils können Sie einen Gerichtsvollzieher mit der Räumung der Wohnung beauftragen.

Bei Gewerberäumen dürfen Sie Räumungsklausel vereinbaren

Diese Verfahrensweise können Sie auch nicht verkürzen, indem Sie den Mietaufhebungsvertrag direkt vor einem Notar schließen. Zwar kann grundsätzlich notariell vereinbart werden, dass sich der Mieter hinsichtlich des Räumungsanspruchs der sofortigen Zwangsvollstreckung unterwirft. Was die meisten Vermieter – und auch viele Anwälte – aber nicht wissen, ist, dass diese Möglichkeit nicht für Wohnungen besteht.

Denn § 794 Abs. 1 Nr. 5 Zivilprozessordnung (ZPO) bestimmt an versteckter Stelle, dass sich ein Wohnungsmieter in einem Mietaufhebungsvertrag niemals der sofortigen Vollstreckung unterwerfen kann. Das bedeutet: Im Umkehrschluss kann also in einem Aufhebungsvertrag für ein Gewerbemietverhältnis eine Vollstreckungsklausel vor einem Notar wirksam vereinbart werden.

Dennoch macht ein Mietaufhebungsvertrag auch für Wohnungen häufig Sinn. Zieht der Mieter nämlich tatsächlich nicht zum vereinbarten Mietende aus, so hat Ihre Räumungsklage Erfolg. Der Grund: Vertrag ist Vertrag; und wenn der Vertrag die Aufhebung des Mietverhältnisses selbst regelt, gibt es daran keinen Zweifel mehr.

75
Gilt mein Eigenbedarf
auch für gewerbliche Nutzung?

Ich möchte meinem Mieter wegen Eigenbedarfs ordentlich kündigen. Die zu kündigende Mietwohnung möchte ich anschließend als mein Büro nutzen – ich bin freiberufliche Immobilienmaklerin. Wäre meine Kündigung rechtens?

Ja, das Recht zur ordentlichen Kündigung hat ein Vermieter gemäß § 573 Abs. 2 Nr. 2 BGB auch dann, wenn er die zu kündigende Mietwohnung allein zu gewerblichen Zwecken nutzen möchte. So hat es etwa das Landgericht Braunschweig entschieden (Urteil v. 28.08.09, Az. 6 S 301/09). Eine Grundsatzentscheidung des BGH steht hierzu noch aus, ist aber wohl Formsache.

Denn bereits 2005 erklärte der Bundesgerichtshof eine Eigenbedarfskündigung für zulässig, wo ein Vermieter die gekündigte Mietwohnung zu Wohn- und Gewerbezwecken nutzen wollte (BGH, Beschluss v. 05.10.05, Az. VIII ZR 127/05). Der BGH stellte außerdem rechtsgrundsätzlich fest: Der Wunsch des Vermieters, seine Wohnung für eigene berufliche Zwecke nutzen zu wollen, ist schon im Hinblick auf die im Grundgesetz geschützte Berufsfreiheit (Art. 12) nicht geringer zu bewerten als der Eigenbedarf des Vermieters zu Wohnzwecken.

Deshalb: Sie haben das Recht, Ihrem Mieter wegen gewerblichen Eigenbedarfs ordentlich zu kündigen.

76
Was bedeutet bei Rückgabe
der Wohnung „besenrein"?

Im Mietvertrag steht, der Mieter muss die Wohnung
besenrein zurückgeben. Was heißt das genau?

Zu dieser Frage hat der Bundesgerichtshof entschieden: Besenrein bedeutet, dass nur grobe Verschmutzungen zu beseitigen sind (BGH, Urteil v. 28.06.06, Az. VIII ZR 124/05). Was genau „grobe Verschmutzungen" sind, lässt der BGH in seinem Urteil aber offen. Zum Umfang der Reinigungspflicht, wenn die Wohnung „besenrein" übergeben werden soll, kann jedoch aus dem Urteil Folgendes entnommen werden:

1. Ihr Mieter muss die Wohnung ordentlich durchkehren und grobe Verschmutzungen beseitigen.

2. Spinnweben zählen zu den groben Verschmutzungen und müssen vom Mieter beseitigt werden.

3. Gehören zu der vemieteten Wohnung Kellerräume, muss Ihr Mieter auch diese von grobem Schmutz und Spinnweben befreien.

4. Die Fenster braucht er normalerweise nicht zu putzen, es sei denn, dass sich darauf grobe Verschmutzungen befinden, beispielsweise Klebereste. Auch Fensterklebebilder muss er entfernen. Hat er die Fenster während der Mietzeit lange nicht geputzt, führt das allein nicht zu einer groben Verschmutzung.

5. Unkrautbewuchs auf dem Balkon braucht Ihr Mieter nicht zu entfernen. Eine Schmierschicht auf dem Bodenbelag ist jedoch zu beseitigen.

77
Stehen mir Mieteinnahmen aus unerlaubter Untervermietung zu?

Erst vor kurzem habe ich erfahren, dass mein Mieter bereits seit mehreren Jahren unerlaubt untervermietet. Er nimmt dabei sogar mehr Miete ein, als er an mich zahlen muss. Inzwischen habe ich das Mietverhältnis – auch noch wegen anderer Verfehlungen des Mieters – fristlos gekündigt. Kann ich die Untermieteinnahmen, jedenfalls teilweise, als Entschädigung von meinem Mieter herausverlangen?

Leider darf Ihr Mieter seine Untermieteinnahmen behalten. Auch wenn er mehr Untermiete eingenommen hat, als er Miete an Sie zahlen musste, braucht er diesen Gewinn nicht an Sie abzuführen. Klar ist, dass einem Mieter der Untermietzins zusteht, wenn er zur Untervermietung berechtigt war. Aber auch in Ihrem Fall einer unerlaubten Untervermietung bleibt der erzielte Mehrerlös beim Mieter. Darin sind sich die Gerichte seit einer BGH-Entscheidung aus dem Jahr 1995 einig (BGH, Urteil v. 13.12.95, Az. VIII ZR 194/93).

Mehreinnahmen stehen ab Räumungsklage Ihnen zu

Die gute Nachricht für Sie: Sobald Sie Räumungsklage erheben, stellt sich die Situation anders dar. Nimmt Ihr Mieter weiterhin Untermiete ein, nachdem Sie ihn bereits bei Gericht auf Räumung verklagt haben, können Sie den Mehrerlös, um den die Untermiete die vom Mieter an Sie gezahlte Miete übersteigt, von ihm herausverlangen. Auch hierzu existiert ein Urteil der Karlsruher Richter (BGH, Urteil v. 12.08.09, Az. XII ZR 76/08).

78
Wann muss mein Mieter nach fristloser Kündigung ausziehen?

Ich habe meinem Mieter fristlos gekündigt. Er zieht jedoch nicht aus, weil er angeblich bisher keine Ersatzwohnung gefunden hat. Kann ich nicht auf sofortigem Auszug bestehen?

Mit der fristlosen Kündigung wird ein Mietverhältnis ab sofort beendet. Der Mieter muss also sofort ausziehen. Klar, das Zusammenpacken des Hausrats und die Suche nach einer anderen Bleibe nehmen eine gewisse Zeit in Anspruch. Der Mieter darf seinen Auszug aber nicht hinausschieben, weil er angeblich bisher noch keine „passende" Ersatzwohnung gefunden hat. Lediglich 2 Wochen müssen Sie Ihrem Mieter für den Auszug Zeit geben. Die Gerichte sprechen von der sogenannten „Ziehfrist".

Hat Ihr Mieter 2 Wochen nach dem Zugang Ihrer fristlosen Kündigung noch nicht geräumt, können Sie unverzüglich beim Amtsgericht Räumungsklage erheben. Räumt der Mieter dann noch während des Gerichtsverfahrens, muss er trotzdem die Gerichts- und Anwaltskosten tragen. Denn durch seine zögerliche Räumung hat er ja selbst den Anlass für die Räumungsklage gegeben. Würden Sie aber Klage erheben, bevor die 2-wöchige Ziehfrist abgelaufen ist, könnte es Ihnen passieren, dass der Mieter alsbald nach Klageerhebung auszieht. In einem solchen Fall blieben Sie dann auf den Gerichts- und Anwaltkosten sitzen.

Räumungsklage 2 Wochen nach fristloser Kündigung

79
Darf der Mieter wegen Verletzung der Schriftform vorzeitig kündigen?

Mit meinem Gewerbemieter habe ich im Mietvertrag vereinbart, dass der Mietvertrag eine feste Laufzeit von 10 Jahren hat. Obwohl das Mietverhältnis erst 7 Jahre besteht, hat der Mieter nun unerwartet gekündigt. Das Kündigungsschreiben habe ich am 15.06. erhalten. Der Mieter meint, er dürfe vor Ablauf der vereinbarten Laufzeit kündigen, weil wir im Januar 2006 mündlich vereinbart haben, dass auch die Betriebskosten für einen privaten Sicherheitsdienst von ihm zu zahlen seien. Ist die Kündigung wirksam?

Ja, die Kündigung Ihres Mieters ist wirksam. Das Bürgerliche Gesetzbuch (BGB) legt in § 550 fest, dass Mietverträge mit einer festen Laufzeit von mehr als einem Jahr nur schriftlich geschlossen werden dürfen. Das haben Sie zwar gemacht, jedoch verlangt die Vorschrift, dass auch alle weiteren Vereinbarungen, die Sie mit Ihrem Mieter während der Mietzeit treffen, ebenfalls in Schriftform getroffen werden müssen.

Schriftform gilt auch für Nachtragsvereinbarungen

Die Gerichte sind hier sehr streng: Jede Nachtragsvereinbarung muss von beiden Seiten unterschrieben sein und auf den Mietvertrag verweisen. Zusätzlich muss der Mietvertrag auf die Nachtragsvereinbarung verweisen. Der Grund für Letzteres besteht darin, dass sich jeder potenzielle Käufer anhand des Mietvertrages darüber informieren können muss, welche Rechte und Pflichten im Einzelnen auf ihn zukommen.

Auch die häufig in Mietverträgen vorhandene Klausel, wonach spätere Änderungen oder Ergänzungen des Mietvertrages nur bei schriftlicher Vereinbarung unwirksam seien, hilft nicht weiter: Den Verstoß gegen die Schriftform kann sie nicht ungeschehen machen. Folge ist, dass der Mietvertrag nun keine feste Laufzeit mehr hat und von jeder Seite mit der gesetzlichen Frist gekündigt werden kann.

Achten Sie also strengstens auf die Einhaltung der Schriftform auch bei Nachtragsvereinbarungen. Denn viele Mieter wissen um die Problematik und provozieren mitunter gar zu mündlichen Absprachen, um vorzeitig aus dem Mietvertrag „auszusteigen".

Einen kleinen Trost gibt es aber: Gemäß § 580a BGB ist die Kündigung spätestens am dritten Werktag eines Kalenderjahres zum Ablauf des nächsten Kalenderjahres möglich. Die Kündigung Ihres Mieters vom 15.06. gilt also erst Anfang September als zugegangen und beendet den Mietvertrag zum 31.12.

80
Einliegerwohnung: Gilt das Sonderkündigungsrecht auch, wenn mein Sohn das Haus bewohnt?

Ich habe in dem zunächst von mir, meiner Ehefrau und dem inzwischen volljährigen Sohn bewohnten Haus die Einliegerwohnung vermietet. Meine Frau und ich sind ausgezogen, mein Sohn bewohnt das Haus inzwischen mit seiner Lebensgefährtin. Da es mit dem Mieter der Einliegerwohnung jetzt immer wieder zum Streit kommt, möchte ich die Einlieger-wohnung kündigen. Ist das möglich?

Auf die erleichterte Kündigungsmöglichkeit von Einlieger-wohnungen, geregelt in § 573a Bürgerliches Gesetzbuch (BGB), können Sie sich leider nicht berufen. Diese Regelung setzt nämlich voraus, dass der Vermieter selbst zum Zeitpunkt der Kündigung in dem betreffenden Haus wohnt. Sie haben zwar – mit Ihrer Familie – früher in dem Haus gewohnt und bei dem jetzigen Bewohner, Ihrem Sohn, handelt es sich um einen engen Familienangehörigen.

Anders als bei der Kündigung wegen Eigenbedarfs, bei der Sie auch zugunsten Ihrer Familienangehörigen kündigen dürfen, genügt nach der gesetzlichen Sonderregel eine familiäre Verbindung nicht für die Kündigung einer Einliegerwohnung. Lässt sich Ihr Mieter nichts zuschulden kommen und haben Sie auch sonst kein berechtigtes Interesse für eine ordentliche Kündigung, sieht es daher in Ihrem Fall mit einer Kündigung schlecht aus.

81
Nach fristloser Kündigung –
Muss mein Mieter den
Mietausfallschaden ersetzen?

Wegen Ruhe störenden Lärms habe ich meinen Mieter abgemahnt und, nachdem sich sein Verhalten nicht besserte, fristlos gekündigt. Der Mieter ist dann auch sehr schnell, binnen einer Woche, ausgezogen. Dabei hatte ich Glück. Wider Erwarten waren die Räume sogar renoviert worden. Allerdings habe ich trotz mehrerer Zeitungsanzeigen erst 2 Monate später einen Nachmieter für die Wohnung gefunden. Muss mir mein gekündigter Mieter die entgangene Miete ersetzen?

Die erfreuliche Antwort lautet: ja. Denn Sie durften darauf vertrauen, dass sich Ihr Mieter vertragsgerecht verhält und Sie ihm nicht vorzeitig kündigen müssen. Anderenfalls können Sie Ihren Mietausfall als „Kündigungsfolgeschaden" vom Mieter ersetzt verlangen. Diesen Schaden können Sie bis zur Neuvermietung geltend machen, allerdings längstens bis zu dem Zeitpunkt, zu dem der Mieter den Mietvertrag selbst hätte ordentlich kündigen können.

Sie müssen sich also überlegen, wann das Mietverhältnis geendet hätte, wenn nicht Sie fristlos, sondern der Mieter ordentlich gekündigt hätte. Ausnahme: Hatten Sie mit Ihrem Mieter einen Zeitmietvertrag vereinbart, bei dem das Recht auf ordentliche Kündigung für beide Seiten ausgeschlossen war, steht Ihnen der Küdigungsfolgeschaden bis zum regulären Mietende bzw. bis zum Ablauf der ersten möglichen Kündigungsfrist zu.

Allerdings müssen Sie sich bei vorzeitigem Mietende um eine schnelle Neuvermietung intensiv bemühen. Etwa, wie in Ihrem Fall geschehen, durch Wohnungsinserate. Nicht selten wird dies später vom Mieter in Abrede gestellt. Meistens jedoch ohne Erfolg, denn ihr Mieter müsste beweisen, dass Sie sich um eine Neuvermietung nicht ausreichend gekümmert haben.

Vermieter muss sich um Neuvermietung bemühen

82
Sozialklausel: Kann ich einen verspäteten Kündigungswiderspruch des Mieters zurückweisen?

Ich habe meinem Mieter wegen Eigenbedarfs die Wohnung gekündigt. Jetzt, 3 Wochen bevor das Mietverhältnis endet, teilt er mir in einem Brief mit, dass er nicht ausziehen wird, sondern in der Wohnung bleiben will. Kann ich auf seinem Auszug bestehen?

Grundsätzlich haben Mieter das Recht, einer Kündigung zu widersprechen, wenn die Beendigung des Mietverhältnisses für sie oder ihre Angehörigen eine unzumutbare Härte darstellt.

Das kann der Fall sein, wenn eine schwangere Mieterin kurz vor der Entbindung steht, aber auch bei sehr alten und kranken Mietern, denen ein Umzug nicht mehr zugemutet werden kann. Das Schreiben Ihres Mieters stellt einen solchen Kündigungswiderspruch dar. Es ist nicht erforderlich, dass der Mieter dabei Gründe nennt, weshalb er in der Wohnung bleiben will.

Hinweis des Vermieters ist entscheidend

Der Kündigungswiderspruch ist für Sie aber nur dann von Bedeutung, wenn der Mieter ihn rechtzeitig erklärt hat. Das lässt sich aus Ihren bisherigen Angaben leider nicht entnehmen, denn es kommt entscheidend darauf an, ob Sie Ihren Mieter im Zusammenhang mit der Kündigung auf sein Widerspruchsrecht hingewiesen haben. Haben Sie einen Hinweis in der gesetzlich vorgeschriebenen Weise rechtzeitig erteilt, ist der Widerspruch Ihres Mieters 3 Wochen vor Mietende verspätet. Er hätte dann nämlich bereits 2 Monate vor Mietende erklärt werden müssen. Einen verspäteten Widerspruch können Sie zurückweisen und auf dem pünktlichen Auszug Ihres Mieters bestehen.

Ohne Hinweis kann Mieter noch im Räumungsprozess widersprechen

Haben Sie Ihren Mieter aber gar nicht, nur unvollständig oder zu spät auf das Widerspruchsrecht hingewiesen, ist sein Widerspruch noch rechtzeitig. In einem solchen Fall darf der Mieter nämlich sogar noch im Gerichtstermin einer Räumungsklage seinen Widerspruch erheben. Ein rechtzeitiger Widerspruch führt aber natürlich nicht automatisch dazu, dass das Mietverhältnis trotz Kündigung weiter fortgesetzt werden muss.

Bei rechtzeitigem Widerspruch kommt es vielmehr auf die Gründe an: Ist dem Mieter die Beendigung des Mietverhältnisses tatsächlich vorübergehend oder auch auf Dauer unzumutbar? Fordern Sie nach rechtzeitigem Widerspruch den Mieter auf, Ihnen unverzüglich Auskunft über seine Gründe zu erteilen. Nennt er keine Gründe oder sind diese nicht überzeugend, bestehen Sie auf fristgerechter Räumung der Wohnung und nehmen Sie notfalls gerichtliche Hilfe in Anspruch.

So ist Ihre Widerspruchsbelehrung wirksam: Sie enthält die beiden Hinweise, a) dass der Mieter der Kündigung aus Härtegründen widersprechen kann und b) dass der Widerspruch schriftlich gegenüber dem Vermieter spätestens 2 Monate vor Beendigung des Mietverhältnisses erklärt werden muss. Die Hinweise werden dem Mieter schriftlich oder mündlich erteilt, entweder im Kündigungsschreiben oder in zeitlichem Zusammenhang mit der Kündigung (Hinweis bereits im Mietvertrag reicht nicht aus). Die Hinweise werden so rechtzeitig erteilt, dass der Mieter seine Widerspruchsfrist noch einhalten kann, also spätestens zweieinhalb Monate vor Mietende.

So machen Sie Ihre Widerspruchsbelehrung wirksam

83
Kündigung schon vor Einzug –
Wann beginnt die Kündigungsfrist?

Am 12.04. habe ich mit meinem Mieter einen Mietvertrag abgeschlossen. Der vereinbarte Vertragsbeginn ist der 01.07. Zu meiner völligen Überraschung erhielt ich am 02.05. eine Kündigung des Mieters, der meinte, eine noch besser geeignete Wohnung gefunden zu haben. Außerdem sagte der Mieter, der Mietvertrag ende durch seine Kündigung schon am 31.07., weshalb er nur für einen Monat die Miete zahlen müsse. Stimmt das?

Wann beginnt bei einer Kündigung vor Vertragsbeginn die 3-monatige Kündigungsfrist: mit Zugang der Kündigung oder mit Beginn des Mietverhältnisses? Im ersten Fall müsste Ihr Mieter nur eine Miete zahlen (für den Juli), während der Mieter Ihnen bei der zweiten Möglichkeit volle 3 Monatsmieten zu zahlen hätte. Denn da hier die Kündigungsfrist am 03.07. beginnen würde, würde das Mietverhältnis erst am 30.09. enden.

Entscheidend ist der Zugang der Kündigung

Vom BGH ist diese Frage längst geklärt worden. Obwohl – oder weil – die Entscheidung schon 30 Jahre alt ist, ist sie aber vielen unbekannt. Es gilt: Entscheidend für die Berechnung der Kündigungsfrist ist der Zugang der Kündigung (BGH, Urteil v. 21.02.79, Az. VIII ZR 88/78). In Ihrem Fall hat Ihr Mieter also Recht. Dies bedeutet, dass bei der Kündigung eines sehr frühzeitig abgeschlossenen Mietvertrages der Mieter unter Umständen gar keine Miete zahlen müsste. Dann etwa, wenn Sie als Mietbeginn den 01.08. vereinbart hätten, denn hier wäre die Kündigungsfrist schon vor Mietbeginn insgesamt abgelaufen.

Sie können Mietausfällen vorbeugen

Dagegen können Sie Vorsorge treffen: Vereinbaren Sie mit Ihrem Mieter, dass bei Kündigung vor Einzug die Kündigungsfrist erst mit Vertragsbeginn beginnen soll, ist dies wirksam (BGH, Urteil v. 02.11.05, Az. XII ZR 212/03). Auf diese Weise können Sie sich zumindest für die ersten 3 Monate des Mietverhältnisses die Miete sichern.

Tipp: Mit der folgenden Vereinbarung, die Sie in Ihrem Mietvertrag als „Sonstige Vereinbarung" treffen, wahren Sie Ihre Interessen als Vermieter: „Wird das Mietverhältnis vor dem vereinbarten Mietbeginn gekündigt, so beginnt die Kündigungsfrist erst in dem Monat zu laufen, der als Mietbeginn vereinbart ist, frühestens jedoch mit Übergabe der Mietsache an den Mieter."

84
Wird meine Kündigung unwirksam nach teilweiser Zahlung des Mieters?

Da mein Mieter im Januar die Miete gar nicht und im Februar nur zur Hälfte gezahlt hat, habe ich ihm am 27.02.2011 fristlos gekündigt. Da er nicht auszog, habe ich bei Gericht eine Räumungsklage erhoben, die dem Mieter am 02.04.2011 zugestellt wurde. Daraufhin hat der Mieter mir am 18.04.2011 die säumige Miete für Januar und Februar überwiesen. Der Mieter meint, damit wäre die Kündigung unwirksam. Stimmt das – obwohl der Mieter im März und April die Miete ebenfalls nur zur Hälfte gezahlt hat und ich ihm Anfang letzten Jahres (am 04.01.2010) schon einmal wegen Zahlungsverzugs fristlos gekündigt habe, wobei diese Kündigung wegen nachträglicher Zahlung unwirksam wurde?

Letztlich nein. Richtig ist zunächst, dass ein Mieter eine fristlose Kündigung wegen Zahlungsverzugs unwirksam machen kann, wenn er seine Rückstände ausgleicht. Und zwar spätestens innerhalb einer sogenannten Schonfrist von 2 Monaten, nachdem ihm eine Räumungsklage vom Gericht zugestellt worden ist (§ 569 Abs. 3 BGB). Bis spätestens zum Ablauf des 02.06.2011 hätte der Mieter danach seine Rückstände ausgleichen müssen, seine Überweisung am 18.04.2010 war also rechtzeitig.

Mieter muss alle Rückstände ausgleichen

Allerdings war die Zahlung nicht ausreichend, denn was viele Mieter nicht wissen: Eine fristlose Kündigung wegen Zahlungsverzugs wird nur unwirksam, wenn alle Rückstände aus dem Mietverhältnis ausgeglichen werden. Es reicht also nicht, nur diejenigen Rückstände auszugleichen, die zur Begründung der Kündigung herangezogen wurden.

Sind nach der Kündigung weitere Forderungen entstanden – offene Mieten und Betriebskostenvorauszahlungen sowie Betriebskostennachforderungen –, muss ein Mieter folglich auch diese Forderungen erfüllen.

Mieter hat Schonfrist nur alle zwei Jahre

Außerdem gibt es noch eine zweite Voraussetzung, damit die Kündigung unwirksam wird: In den letzten 2 Jahren vor ihrem Zugang beim Mieter darf ihm nicht schon einmal wegen Zahlungsverzugs gekündigt worden sein. Genau dies ist bei Ihnen aber der Fall: Wegen der fristlosen Kündigung am 04.01.2010 hätte der Mieter eine erneute Kündigung wegen Zahlungsverzugs durch Zahlung nur unwirksam machen dürfen, wenn ihm diese nach dem 04.01.2012 zugegangen wäre. Auch diese Voraussetzung ist bei Ihnen nicht erfüllt, weshalb Ihre Kündigung nicht unwirksam geworden ist.

Schönheitsreparaturen

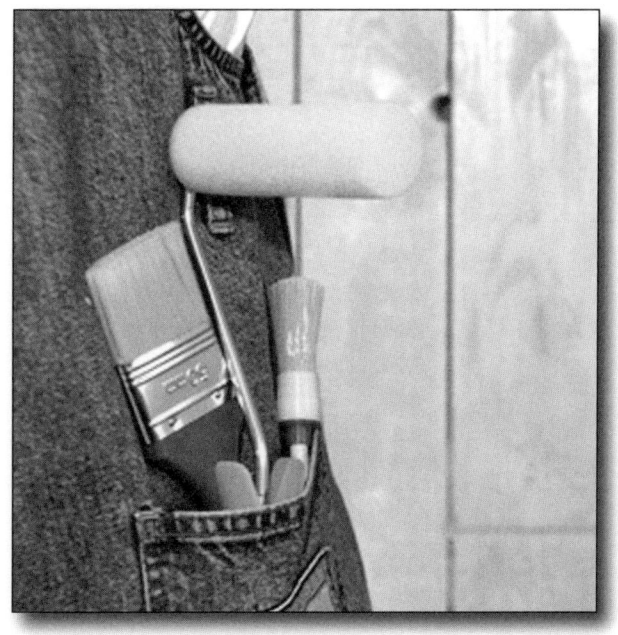

85
Kann ich den Wohnungszustand
bei Rückgabe notfalls ohne meinen
Mieter protokollieren?

*Mein Mieter hat mir mitgeteilt, dass er bereits umge-
zogen ist. Die Schlüssel soll mir am vereinbarten
Rückgabetermin ein Bekannter übergeben. Muss ich
mich darauf einlassen? Oder kann ich von ihm
erwarten, dass er mir die Schlüssel persönlich
zurückgibt und zuvor gemeinsam mit mir den
Zustand der Wohnung besichtigt und protokolliert?*

Eine gemeinsame Wohnungsbesichtigung am Ende der Mietzeit können Sie von Ihrem Mieter leider nicht verlangen. Er
verhält sich rechtens, wenn er am vereinbarten Termin die
Schlüssel durch eine dritte Person überbringen lässt. Auch
diese Person ist nicht verpflichtet, für den Mieter an der End-
begehung der Wohnung teilzunehmen.

Da Sie nun schon wissen, dass Ihr Mieter nicht an der Woh-
nungsabnahme mitwirken will, nehmen Sie zu diesem Termin
auf jeden Fall einen Zeugen mit, beispielsweise einen Bekannten oder den Hausmeister, keine nahen Familienmitglieder.
Sehen Sie sich gemeinsam mit ihm alle Räume der Wohnung
sorgfältig an und fertigen Sie ein Wohnungsabnahmeproto-
koll an. Fotos als Ergänzung können hilfreich sein.

Nehmen Sie Zeugen mit

Vermerken Sie im Protokoll, dass und warum Ihr Mieter nicht
teilgenommen hat. Unterschreiben Sie das Protokoll mit
Datum und Uhrzeit und lassen Sie auch Ihren Zeugen unterschreiben. Auch ohne die Beteiligung und Unterschrift Ihres

Mieters bietet Ihnen ein solches Protokoll eine wertvolle Grundlage für Ihre Beweisführung, falls es später zu einem Streit über den Zustand der Wohnung kommt.

86
Kann ich Schönheitsreparaturen während der Mietzeit verlangen?

Vor 8 Jahren habe ich einen Mietvertrag geschlossen, der meinen Mieter zu laufenden Schönheitsreparaturen verpflichtet. Diese sind „im Allgemeinen" nach den üblichen Fristen (3, 5 und 7 Jahre, je nach Art des Raums) fällig. Der Mieter hat bisher nie renoviert. Kann ich jetzt von ihm Schönheitsreparaturen verlangen, oder muss ich warten, bis er irgendwann auszieht?

Die Schönheitsreparaturklausel in Ihrem Mietvertrag enthält einen sogenannten „weichen Fristenplan": Die genannten Fristen gelten nur im Allgemeinen, sodass der Mieter die Renovierung ablehnen kann, wenn noch kein Renovierungsbedarf besteht. Die Vereinbarung der genannten Renovierungszeiträume ist auch nicht unangemessen kurz. Jedenfalls gilt das für Verträge, die bereits vor Oktober 2007 abgeschlossen wurden. Das hat der Bundesgerichtshof (BGH) ausdrücklich festgestellt (BGH, Urteil v. 26.09.07, Az. VIII ZR 143/06).

Es muss Renovierungsbedarf bestehen

Da die Renovierungsklausel – soweit wir hier erkennen können – wirksam ist, dürfen Sie auch von Ihrem Mieter verlangen, dass er die Schönheitsreparaturen ausführt. Seit Mietbeginn sind 8 Jahre vergangen. Deshalb ist davon auszugehen, dass tatsächlich auch ein Renovierungsbedarf besteht.

Bedenken Sie jedoch, bevor Sie den Mieter zur Renovierung auffordern: Wenn Ihr Mieter jetzt renoviert und später auszieht, bevor die Renovierungsfristen erneut abgelaufen sind, muss er bei seinem Auszug nicht noch einmal renovieren. Er darf Ihnen dann die Wohnung in dem gebrauchten Zustand zurückgeben. Führt der Mieter aber während der Mietzeit keine Schönheitsreparaturen durch, können Sie, weil bei seinem Auszug nach mehr als 8 Jahren auf jeden Fall Renovierungsbedarf bestehen wird, bei Mietende die Schönheitsreparaturen fordern. In diesem – für Sie vorteilhafteren – Fall erhalten Sie Ihre Wohnung dann frisch renoviert zurück.

Fazit: Sie können Schönheitsreparaturen im laufenden Mietverhältnis verlangen. Rechnen Sie jedoch in den nächsten Jahren mit einem Auszug des Mieters, macht es wenig Sinn, bereits jetzt auf einer Renovierung zu bestehen.

87
Unwirksame Schönheitsreparaturklausel: Muss ich meinem Mieter die Kosten erstatten?

Ein Mieter ist vor 2 Jahren ausgezogen. Vorher hatte er noch die vereinbarten Schönheitsreparaturen durchgeführt. Jetzt beruft er sich darauf, dass die Renovierungsklausel unwirksam war. Er will von mir die Renovierungskosten und außerdem die Rechtsanwaltskosten erstattet bekommen. Muss ich das bezahlen?

Der Bundesgerichtshof (BGH) hat im Mai dieses Jahres tatsächlich entschieden, dass ein Mieter seine Renovierungskosten vom Vermieter zurückfordern kann, wenn ihm später bewusst wird, dass er zur Renovierung bei Auszug gar nicht verpflichtet war, weil die vereinbarte Schönheitsreparaturklausel schon zu dem damaligen Zeitpunkt als unwirksam galt (BGH, Urteil v. 27.05.09, Az. VIII ZR 302/07).

Aus der genannten BGH-Entscheidung folgt nicht, dass Sie nun auf jeden Fall zahlen müssen. Prüfen Sie zunächst:

Renovierungskosten müssen Sie nicht immer erstatten

1. Ist die Renovierungsklausel tatsächlich unwirksam gewesen?
2. Hat der Mieter die Renovierung ordnungsgemäß oder nur mangelhaft durchgeführt?

Wichtig ist außerdem, ob Sie den Mieter bei Mietende noch extra zur Renovierung aufgefordert haben – und ob Ihr Mieter das beweisen kann. Mancher Mieter renoviert nämlich ohne besondere Aufforderung durch den Vermieter, obwohl er bereits weiß oder ahnt, dass er das möglicherweise gar nicht mehr muss, beispielsweise um „keinen Ärger zu haben". Liegt Ihr Fall so, kann Ihr Mieter jetzt keine Kostenerstattung für die Renovierung von Ihnen fordern – und damit auch keine Anwaltskosten.

Bei ausdrücklicher (falscher) Renovierungsaufforderung: auch Erstattung von Anwaltskosten

Wenn Sie ihn aber, möglicherweise sogar schriftlich, ausdrücklich angewiesen haben, vor seinem Auszug noch zu renovieren, müssen Sie ihm die geforderten Kosten nun leider erstatten. Den Ersatz der Anwaltskosten kann Ihr Mieter aber nur verlangen, wenn ihm die Kosten entstanden sind, weil der Anwalt die Wirksamkeit der Schönheitsreparaturklausel überprüft hat. Dies hat das Berliner Kammergericht entschieden (KG Berlin, Urteil v. 18.05.09, Az. 8 U 190/08).

88
Kostenquotenklauseln – Darf nur
der Vermieter Handwerker aussuchen?

Ich habe gelesen, dass einem Mieter nicht verwehrt sein darf, selbst zu renovieren. Wie ist das dann bei Kostenquotenklauseln? Ist es zulässig, dass die Renovierungskosten von einem Fachbetrieb ermittelt werden, den der Vermieter bestimmt? Oder muss auch hier der Mieter auswählen können?

Zunächst: Viele Mietverträge sehen Kostenquotenklauseln vor. Diese regeln, dass der Mieter bei einem Auszug vor Ablauf der Regelfristen die Renovierungskosten entsprechend seiner Mietdauer zu tragen hat. Dabei bestimmen die Klauseln meistens, dass die Kosten für Schönheitsreparaturen auf der Grundlage „eines vom Vermieter auzuwählenden Fachgeschäfts" zu ermitteln sind.

Sie haben Recht: In der Tat hat der BGH grundlegend festgestellt, dass solche Renovierungsklauseln unwirksam sind, nach denen ein Mieter nicht selbst renovieren darf, sondern Schönheitsreparaturen nur von Fachunternehmen ausgeführt werden dürfen (BGH, Urteil v. 09.06.10, Az. VIII ZR 294/09).

Ihre Frage ist deshalb klug, weil die Wertung dieses Urteils – ein Mieter muss das Recht haben, Einfluss auf die Kosten der Renovierung nehmen zu können – auch für die Kostenquotenklauseln gelten muss. Das ist aber schon längst so.

Denn bereits 2004 entschied der BGH, dass Kostenvoranschläge des Vermieters nicht für verbindlich erklärt werden

Kostenvoranschläge dürfen nicht verbindlich sein

dürfen. Der Mieter muss immer das Recht haben, selbst einen Kostenvoranschlag eines Fachbetriebs zur Ermittlung der Renovierungskosten vorlegen zu dürfen. Fällt dieser günstiger aus als der des Vermieters, kann der Mieter darauf bestehen, dass die anteiligen Renovierungskosten auf Basis „seines" Kostenvoranschlages berechnet werden. Zugleich hat der BGH klargestellt, dass ein Mieter über dieses Recht im Mietvertrag nicht ausdrücklich informiert werden muss (BGH, Urteil v. 06.10.04, Az. VIII ZR 215/03).

Das bedeutet konkret: Kostenquotenklauseln, nach denen die (anteiligen) Renovierungskosten des Mieters auf der Grundlage „eines vom Vermieter auzuwählenden Fachgeschäfts" berechnet werden, sind wirksam. Allerdings hat der Mieter entgegen dem Wortlaut der Klausel immer das Recht, einen eigenen Kostenvoranschlag einzuholen, und kann auch auf dessen Berücksichtigung bestehen, wenn er günstiger ausfällt.

89
Gehört die Reinigung des Teppichbodens zu den Schönheitsreparaturen?

Mein Mieter ist laut Mietvertrag zu Schönheitsreparaturen bei Auszug verpflichtet. Kann ich verlangen, dass er auch den bereits recht verschmutzten Teppichboden gründlich reinigt?

Ja, Sie dürfen von Ihrem Mieter fordern, dass er den Teppichboden reinigt. Sie können sich dazu auf eine Entscheidung des Bundesgerichtshofs berufen. Denn die Karlsruher Richter haben im Jahr 2008 vermieterfreundlich entschieden, dass die

Schönheitsreparaturpflicht des Mieters die Grundreinigung des Teppichbodens umfasst. Und zwar unabhängig davon, ob diese Pflicht im Mietvertrag besonders genannt ist oder nicht (BGH, Urteil v. 08.10.08, Az. XII ZR 15/07).

90
Wann muss ich als Vermieter renovieren?

Mein Mietvertrag aus dem Jahre 1999 enthält eine wegen „starrer Fristen" unwirksame Renovierungs- klausel. Nun haben mich meine Mieter aufgefordert, Schönheitsreparaturen in der Wohnung auszuführen. Muss ich das?

Ist die Klausel zu den Schönheitsreparaturen unwirksam, kommt die gesetzliche Regelung zum Tragen, wonach der Ver- mieter hierfür verantwortlich ist. Voraussetzung ist freilich, dass die Renovierung auch erforderlich ist. Allerdings kann dieser Anspruch des Mieters auch verjähren. Hierzu hat das Amtsgericht Wetzlar gerade ein sehr wichtiges Urteil gespro- chen.

Im Urteilsfall enthielt ein Mietvertrag von 1995 eine unwirk- same Renovierungsklausel. Renoviert wurde bis 2008 nicht, obwohl die Wohnung seit spätestens 2000 renovierungsbe- dürftig war. 2008 verlangte der Mieter von seinem Vermieter die Renovierung, dieser berief sich jedoch auf Verjährung. Zu Recht, wie die Richter entschieden: Ansprüche des Mieters auf Vornahme von Schönheitsreparaturen verjähren nach 3 Jah- ren – gerechnet ab dem Jahr, in dem sie fällig werden. Da die Schönheitsreparaturen 2000 fällig waren, war der Anspruch

Es gilt die 3-jährige Verjäh- rungsfrist

auf Renovierung 2003 also verjährt (AG Wetzlar, Urteil v. 02.12.08, Az. 38 C 1882/07).

Dies bedeutet für Ihren Fall, dass Sie aufklären sollten, wann die Schönheitsreparaturen in Ihrer Mietwohnung das erste Mal erforderlich waren. Wenn dies vor dem 31.12.2005 der Fall war, können Sie sich Ihrem Mieter gegenüber mit diesem Urteil auf Verjährung berufen.

Schadenersatzansprüche gegen den Mieter

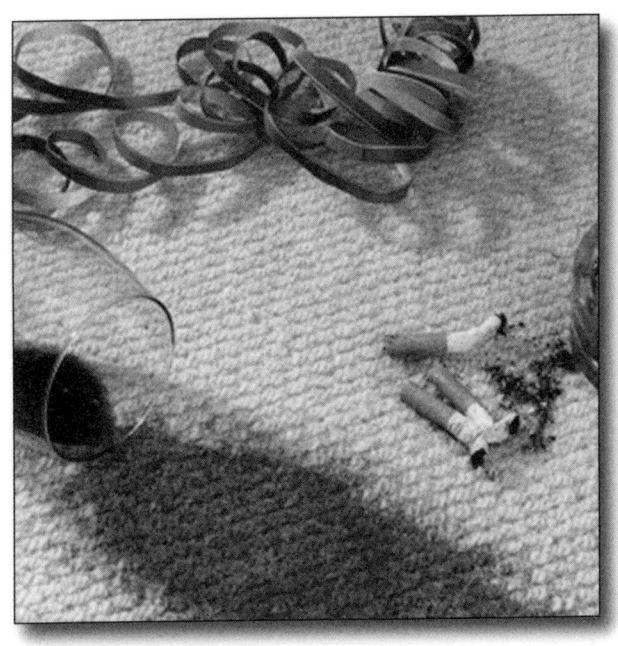

91
Mein Mieter ist nach Kündigung
einfach ausgezogen – Was kann ich tun?

Ich habe meinem Mieter wegen Zahlungsverzugs frist-
los gekündigt. Jetzt ist er einfach ausgezogen, ohne
mir die Wohnungsschlüssel zurückzugeben. Auch
seine neue Adresse hat er mir nicht mitgeteilt. Darf
ich das Schloss der Wohnungstür austauschen und
die Wohnung neu vermieten?

Leider nein, so verständlich Ihr Wunsch, baldmöglichst wei-
terzuvermieten und Ihren finanziellen Schaden gering zu halten, auch ist. Nach dem Gesetz sind Sie zu einem solchen Vorgehen nicht berechtigt. Der Mieter gilt, solange er die Wohnungsschlüssel nicht zurückgegeben hat, weiterhin als
Besitzer der Wohnung. Diesen Besitz dürfen Sie ihm nicht
eigenmächtig nehmen.

Es wäre sogar strafbar, die Tür aufzubrechen und die Wohnung gegen den Willen des ausgezogenen Mieters zu betreten
(Hausfriedensbruch gemäß § 123 StGB). Dass Sie die Eigen-
tümerin der Wohnung sind, spielt keine Rolle. Ebenso wenig
zählt, dass das Mietverhältnis bereits durch Kündigung beendet wurde.

Hausfriedens-
bruch ist straf-
bar

Versuchen Sie so schnell wie möglich, durch Anfragen beim
Einwohnermeldeamt und der Post die neue Adresse des Mieters in Erfahrung zu bringen. Mitunter können auch Nachbarn
oder Bekannte weiterhelfen. Lässt sich die neue Anschrift
ermitteln, fordern Sie den Mieter zur Wohnungs- und Schlüsselrückgabe in einem gemeinsamen Rückgabetermin auf. Rea-

Notfalls Räu-
mungsklage
öffentlich zustel-
len lassen

giert er nicht, bleibt Ihnen nur die Möglichkeit, Räumungsklage zu erheben. Bleibt die neue Anschrift unbekannt, lassen
Sie Ihre Räumungsklage öffentlich zustellen.

Hierzu beantragen Sie beim Amtsgericht die öffentliche
Zustellung Ihrer Klageschrift. Zusammen mit Ihrem Antrag
müssen Sie die Melderegisterauskunft und die Mitteilung der
Post über die Anschriftenprüfung vorlegen und so nachwei-
sen, dass der Aufenthalt des Mieters unbekannt ist. Erst wenn
Sie auf diesem Weg ein vollstreckbares Räumungsurteil gegen
Ihren Mieter erlangt haben, dürfen Sie die Wohnung selbst
wieder in Besitz nehmen und weitervermieten.

92
Erforderliche Fristsetzung:
Wie lang ist lang genug?

*Mein Mieter ist laut Mietvertrag zu Schönheitsrepa-
raturen verpflichtet. Er ist aber ausgezogen, ohne die
notwendigen Arbeiten auszuführen. Muss ich ihm
noch eine Frist setzen und wie lang muss diese sein?
Oder kann ich jetzt renovieren und von ihm die Kosten dafür fordern?*

Leider dürfen Sie noch nicht sofort renovieren. Wenn Ihr Mieter die Kosten tragen soll, müssen Sie ihn zuvor zur Durchführung der Schönheitsreparaturen auffordern und ihm hierzu
eine angemessene Frist setzen. Erst wenn diese Frist ergeb-
nislos abgelaufen ist, können Sie auf Kosten des Mieters die
Renovierung vornehmen. Bei Ihrer Fristsetzung gilt es,
2 Punkte genau zu benennen:

1. Was genau soll der Mieter tun?
2. Wann sollen die Arbeiten erledigt sein?

Wenn Sie Ihrem Mieter eine Frist setzen, schreiben Sie ihm ganz konkret, welche Arbeiten Sie von ihm erwarten. Also nicht „die Schönheitsreparaturen", sondern „Streichen der Decken und Wände in Wohnzimmer und Küche, Grundreinigung des Teppichbodens in allen Räumen". Sonst ist Ihre Fristsetzung unwirksam!

Bei der Länge der Frist können Sie nicht so viel falsch machen. Entscheidend ist, in welchem Umfang noch Arbeiten zu erledigen sind. Normalerweise genügen 1 bis 2 Wochen für die Renovierung einer ganzen Wohnung. Haben Sie die Frist versehentlich zu knapp bemessen, wird Ihre Fristsetzung dadurch aber nicht unwirksam. Die Richter sagen, dass eine zu kurze Fristsetzung eine angemessene Frist in Gang setzt.

„Unverzüglich" ist ausreichend konkret

Tipp: Stellen Sie fest, dass Ihr Mieter am Ende einer knapp kalkulierten Frist noch nicht ganz fertig ist, lassen Sie ihm einfach noch ein paar Tage Zeit. Verzögert er aber die Arbeiten oder hat er noch gar nicht damit begonnen, werden Sie nach Fristablauf sofort selbst tätig.

Nach einer wichtigen Entscheidung des Bundesgerichtshofs ist es bei der Fristsetzung ohnehin nicht mehr erforderlich, einen bestimmten Zeitraum oder Endtermin festzulegen. Es genügt, den Mieter aufzufordern, die Renovierung „in angemessener Zeit" oder „unverzüglich" durchzuführen (BGH, Urteil v. 12.08.09, Az. VIII ZR 254/08). Klarer ist es aber, eine bestimmte Frist vorzugeben, zum Beispiel „binnen 2 Wochen".

93
Zurückgelassenes Mobiliar des Mieters – Darf ich den Sperrmüll beauftragen?

Bei der Wohnungsbesichtigung einen Tag vor Schlüsselrückgabe habe ich den Mieter ausdrücklich darauf hingewiesen, dass er die Gardinen, einen Teppichboden und verschiedene Möbelstücke noch aus der Wohnung entfernen muss. Jetzt stelle ich fest, dass die Sachen noch da sind. Kann ich sie zum Sperrmüll geben? Und muss der Ex-Mieter mir den Arbeitsaufwand für das Entfernen des verklebten Teppichbodens ersetzen?

Ihr weiteres Vorgehen hängt ganz entscheidend davon ab, welchen Wert die vom Mieter zurückgelassenen Gegenstände haben. Zum Sperrmüll geben dürfen Sie nämlich nur absolut wertlose Sachen, beispielsweise einen abgelaufenen und verfleckten Teppichboden sowie abgenutzte oder beschädigte 08/15-Möbel. Bei solchen Sachen ist offensichtlich, dass der Mieter kein Interesse mehr an ihnen hat.

Mieter zahlt für die Entsorgung

Entstehen Ihnen Kosten für die Beseitigung, beispielsweise Müllgebühren, gehen diese zu Lasten Ihres Mieters. Auch für Ihren eigenen Arbeitsaufwand können Sie ihm Kosten berechnen, etwa 60% der Kosten, die Sie einem Unternehmer für die entsprechende Leistung hätten zahlen müssen.

Sachen von Wert müssen Sie aufbewahren

Hat der Mieter jedoch Sachen in der Wohnung gelassen, die nicht offensichtlich wertlos sind, trifft Sie eine Obhuts- und Aufbewahrungspflicht. Wenn Sie solche Gegenstände einfach beseitigen und vernichten lassen, riskieren Sie, dass Ihr Mieter später Schadenersatz von Ihnen fordert.

Tipp: Bevor Sie wertlose Sachen entsorgen, dokumentieren Sie deren Wertlosigkeit durch Fotos und Zeugen. So sind Sie auf der sicheren Seite, falls Ihr Mieter später Schadenersatz fordert. Zu Ihrer Beruhigung: Solche Mieterklagen kommen in der Praxis selten vor.

Bei Gegenständen von Wert gehen Sie folgendermaßen vor: Fordern Sie den Mieter auf, die Gegenstände abzuholen. Setzen Sie ihm hierzu eine Frist, und drohen Sie ihm an, seine Sachen nach Fristablauf zu vernichten oder zu verwerten. Während dieser Zeit bewahren Sie die Gegenstände sicher auf. Besteht keine andere Möglichkeit, müssen Sie sie notfalls gegen Entgelt einlagern lassen. Die entstehenden Kosten stellen Sie selbstverständlich Ihrem Mieter in Rechnung.

Setzen Sie eine Frist zur Abholung

Meldet sich der Mieter nicht und sind seit Auszug des Mieters mindestens 2 Monate vergangen, können Sie die Gegenstände verwerten, also durch Verkauf oder Versteigerung zu Geld machen. Den Erlös können Sie für Ihren Aufwand und eventuell noch offene Forderungen aus dem Mietverhältnis verwenden.

Verwerten dürfen Sie frühestens nach 2 Monaten

94
Wer haftet für
abgebrochenen Wohnungsschlüssel?

Beim Aufschließen der Wohnungstür ist meinem Mie-
ter der Schlüssel so abgebrochen, dass noch ein Teil im
Schloss stecken blieb. Muss mein Mieter die Kosten für
den Schlüsseldienst in Höhe von 162,32 € zahlen?

Mit dieser Frage setzte sich das Amtsgericht Halle auseinan-
der. Es entschied in einem Urteil von allgemeiner Bedeutung,
dass der Mieter für diese „Beschädigung der Mietsache" keinen Schadenersatz, auch nicht zum Zeitwert, leisten muss.
Das gilt jedenfalls dann, wenn er nicht gegen „mietrechtliche
Obhutspflichten" verstoßen hat, wobei diese nicht im Mietvertrag vereinbart sein müssen.

Mit anderen Worten: Nur, wenn Sie Ihrem Mieter nachweisen
können, dass er den Schlüssel in unüblicher Weise – also mit
einem Übermaß an Kraft – verwendet hat, haftet er Ihnen für
den entstandenen Schaden (AG Halle/Saale, Urteil v. 17.03.09,
Az. 93 C 4044/08). Dieser Nachweis ist in der Praxis allerdings
kaum zu erbringen.

95
Wer kommt für die Rohrverstopfung auf?

Neulich rief mich mein Mieter an und sagte, er habe einen Klempner beauftragen müssen, ein verstopftes Abflussrohr zu reinigen. Die Rechnung bekam ich dann aber. Der Rechnung konnte ich nur entnehmen, dass eine Rohrverstopfung behoben werden musste. Dies bezweifele ich gar nicht, nur habe ich meinen Mieter im Verdacht, die Verstopfung selbst verursacht zu haben. Außerdem sehe ich nicht ein, dass ich einen Handwerker bezahlen muss, den ich selbst gar nicht beauftragt habe. Wie ist die Rechtslage?

Zu dem von Ihnen geschilderten Problem kommt es in der Vermietungspraxis häufig. Für die Frage, wer in solchen Fällen für die Kosten aufkommen muss, ist zunächst Folgendes wichtig: Ist die Rohrverstopfung Folge vertragswidrigen oder vertragsgemäßen Gebrauchs? Denn nur bei vertragswidriger Nutzung haftet der Mieter. Ersteres ist etwa der Fall, wenn der Mieter Katzenstreu in das Abwasser einleitet oder das in das WC geworfene Kinderspielzeug die Abflussrohre verstopft.

In derlei Fällen vertragswidriger Nutzung (des Abflusssystems) macht sich der Mieter schadenersatzpflichtig und muss die entsprechenden Handwerkerkosten selbst bezahlen. Allerdings: Dass die Rohrverstopfung auf einen vertragswidrigen Gebrauch des Mieters zurückgeht, müssen Sie ihm beweisen. Sie sollten deshalb den Handwerker bitten, auf der Rechnung die Ursache der Verstopfung anzugeben. Denn da nur er dies beurteilen kann, würde er im Streitfall vor Gericht nötigenfalls auch als Zeuge gehört werden. Kommt es dagegen zu

Mieter haftet für vertragswidriges Verhalten

einer Rohrverstopfung, weil sich während der Mietzeit der Querschnitt des Abflussrohres im Badezimmerwaschbecken etwa durch Haare und Seifenreste allmählich verengt hat, so ist sie Folge vertragsgemäßen Gebrauchs.

Folge: In diesem Fall sind Sie als Vermieter verantwortlich. Achtung: Auch über die Kleinreparaturklausel im Mietvertrag können dem Mieter in diesem Fall nicht die Kosten aufgebürdet werden. Hierzu müsste es sich nämlich um die Reparatur von Gegenständen handeln, die dem direkten Zugriff des Mieters häufig ausgesetzt sind, was bei Abflussrohren aber nicht der Fall ist.

Hinsichtlich der Beauftragung gilt: Wer den Handwerker bezahlen muss, beauftragt ihn auch. Ausnahme: Bei einer Verstopfung trotz vertragsgemäßen Gebrauchs darf der Mieter im Namen des Vermieters den Handwerker beauftragen, wenn der Vermieter entweder nicht erreichbar war oder wenn es sich um eine Notmaßnahme gehandelt hat, die keinen Aufschub duldete (siehe auch nächste Frage).

96
Der Mieter hat den Handwerker beauftragt – Muss ich dafür zahlen?

Vor einiger Zeit habe ich von meinem Mieter eine „Bitte um Kostenerstattung" erhalten. Der Mieter hatte – ohne mir davon Bescheid zu sagen – einfach einen Glaser beauftragt, 2 Fenster zu erneuern. Er sagte, er habe nicht mehr länger warten wollen, immerhin habe er mich informiert, woraufhin nichts geschehen sei. Und ich muss auch zugeben, dass ich es schlicht vergessen hatte, die in der Tat schon ziemlich morschen Fenster erneuern zu lassen. Allerdings finde ich es nicht in Ordnung, dass ich nun die Kosten für einen Handwerker zahlen soll, den ich nicht beauftragt habe. Wie ist die Rechtslage?

Das Recht ist auf Ihrer Seite. Vor nicht allzu langer Zeit hat der BGH entschieden, dass es nur 2 Fälle gibt, in denen ein Vermieter die Kosten für einen von ihm nicht beauftragten Handwerker zahlen bzw. seinem Mieter erstatten muss:

Zum einen muss ein Vermieter dann die Kosten tragen, wenn er mit der Mangelbeseitigung in Verzug ist, was folgende Reihenfolge voraussetzt: Zunächst muss der Mieter seinen Vermieter unverzüglich von einem Mietmangel genau informieren. Nun muss der Vermieter den Mangel beseitigen; solange der Mangel besteht, darf der Mieter die Miete mindern. Beseitigt der Vermieter den Mangel nicht, muss der Mieter ihm eine angemessene Frist für die Reparatur setzen. Nur wenn Sie dann immer noch untätig blieben, dürfte der Mieter nach Fristablauf die Reparatur selbst in Auftrag geben.

Notmaßnahme und Verzug: Vermieter zahlt

Der zweite Ausnahmefall liegt vor, wenn die Reparaturmaß-
nahme keinen Aufschub duldet. Etwa dann, wenn im Winter
die Heizung ausgefallen oder ein Wasserrohr geplatzt ist. Zwar
muss der Mieter auch hier erst versuchen, Sie zu erreichen,
gelingt ihm dies jedoch nicht sofort, kann er selbst einen
Handwerker mit der Mangelbeseitigung beauftragen. Da bei
Ihnen keiner der beiden Fälle vorliegt, können Sie unter Hinweis auf das BGH-Urteil Ihrem Mieter gegenüber also die Kostenerstattung ablehnen (BGH, Urteil v. 16.01.08, Az. VIII ZR
222/06).

Mietsachen
vor Gericht

97
Mein Mieter zahlt die Miete nicht –
Ist er ein Betrüger, macht er sich strafbar?

*Ich hatte einen Mieter, der nur eine einzige Miete
und eine Kautionsrate gezahlt hat. Nach 8 Monaten
ist er „bei Nacht und Nebel" ausgezogen. Zwar habe
ich ihn jetzt endlich ausfindig gemacht und einen
Mahnbescheid beantragt. Aber mich ärgert das
Ganze so sehr, dass ich Strafanzeige bei der Polizei
erstatten möchte. Was meinen Sie und entstehen mir
dadurch Kosten?*

Wenn ein Mieter seine Miete nicht zahlt, erstatten viele Vermieter eine Strafanzeige und sind dann verständlicherweise
enttäuscht, wenn das Verfahren nach einiger Zeit eingestellt
wird. Ganz klar: Moralisch sind solche Mieter sicherlich
„Betrüger" – im Sinne des Strafrechts sind sie es allerdings
meistens (leider) nicht. Entscheidend ist die Absicht des Mieters bei Vertragsschluss.

Denn für ein strafbares Verhalten ist nötig, dass der Mieter
schon bei Abschluss des Mietvertrags die Absicht hatte, keine
Miete zu zahlen. Und das dem Mieter nachzuweisen gelingt
den Staatsanwälten nur in den wenigsten Fällen. Das Problem
besteht darin, dass nicht allein durch die Tatsache, dass schon
bei Abschluss des Mietvertrages das Geld für die Miete fehlte,
der Straftatbestand des Betruges gegeben ist. Ihr Mieter ist
nämlich kein „Betrüger", wenn er berechtigterweise erwartet
hat, die Miete künftig zahlen zu können (so etwa OLG
Koblenz, Urteil v. 03.03.05, Az. 1 Ss 43/05).

Schon bei einer Zahlung entfällt der Tatvorwurf. Hat der Mieter irgendwelche Zahlungen geleistet, wie bei Ihnen geschehen, fällt der Betrugsvorwurf ohnehin immer in sich zusammen. Dies ist so, weil der Vorwurf, von Anfang an keine Miete zahlen zu wollen, dann vom Tisch ist (dies ist manchem Mietnomaden durchaus bewusst, weshalb er, um sich nicht strafbar zu machen, zumindest die erste Kautionsrate zahlt).

Fazit: Eine Strafanzeige wegen „Einmietbetrugs" (so die korrekte Bezeichnung) ist nur dann Erfolg versprechend, wenn der Mieter gar keine mietvertraglich geschuldeten Zahlungen erbracht hat (auch keine Kaution). Als zweite Voraussetzung muss erfüllt sein, dass er zum Zeitpunkt der Vertragsunterzeichnung wusste, dass er hierzu wirtschaftlich nicht in der Lage sein werde (Letzteres muss die Polizei dann ermitteln).

98
Mietprozess verloren – Kann ich meinen Anwalt dafür haftbar machen?

Kürzlich habe ich einen Mietprozess deshalb verloren, weil mein Anwalt den Amtsrichter nicht auf ein für mich günstiges BGH-Urteil hingewiesen hat. Ich konnte auch nicht in die Berufung gehen, weil meine Klageforderung weniger als 500 € betrug. Mein Anwalt sagt: „Die höchstrichterliche Rechtsprechung muss ein Richter schon selbst kennen." Kann ich wirklich nichts machen?

Doch, Sie können Ihren Anwalt verklagen, denn er haftet Ihnen dafür, dass er das Gericht nicht auf die für Sie günstige

Rechtslage hingewiesen hat. Das heißt konkret: Den Schaden, den Sie wegen dieses Fehlers erlitten haben, muss Ihnen der Anwalt (der für solche Fälle eine Berufshaftpflichtversicherung haben muss) ersetzen – dem Betrag nach also die ursprüngliche Klageforderung gegen Ihren Mieter.

Diese Haftung ist höchstrichterlich entschieden: Zuerst hat sie der BGH bestätigt (BGH, Urteil v. 18.12.08, Az. IX ZR 179/07), und sogar das Bundesverfassungsgericht hat festgestellt, dass der Anwalt haften muss (BVerfG, Beschluss v. 22.04.09, Az. 1 BvR 386/09).

Übrigens: Auch dann, wenn ein Anwalt nachweislich einen falschen Rechtsrat erteilt, eine Frist versäumt oder es unterlässt, in einem Verfahren das Gericht auf die entscheidungserheblichen Punkte hinzuweisen, haftet er seinem Mandanten auf Schadenersatz – wenn der Fehler ursächlich für den eingetretenen Schaden ist. Auch für solche Fälle ist jeder Anwalt verpflichtet, eine Berufshaftpflichtversicherung zu unterhalten.

Zwangsvollstreckung
&
Räumungsklage

99
Nutzungsentschädigung trotz Auszugs vor Ablauf der Räumungsfrist?

*Da mein Mieter nach meiner Kündigung nicht mit
Ablauf der Kündigungsfrist am 30.04. auszog, musste
ich eine Räumungsklage gegen ihn führen. Das
Gericht gab meiner Klage statt, bewilligte dem Mieter
aber eine Räumungsfrist bis zum 30.07. Völlig überraschend zog er dann aber schon am 03.07. aus, wohl
weil er dann eine neue Wohnung beziehen konnte.
Muss mein Mieter mir den Juli noch bezahlen?*

Grundsätzlich gilt: Hält ein Mieter Ihnen die Mieträume nach
Ablauf der Mietzeit gegen Ihren Willen vor, muss er Ihnen
eine Nutzungsentschädigung zahlen. Diese beläuft sich in der
Höhe nach Ihrer Wahl: entweder auf die zuletzt vom Mieter
geschuldete Miete oder auf die ortsübliche Vergleichsmiete –
jeweils zuzüglich Betriebskosten (§ 546a BGB).

Allerdings gilt auch: Die Nutzungsentschädigung hat der Mieter Ihnen nur so lange zu zahlen, bis er die Wohnung räumt
und Ihnen die Schlüssel hierzu zurückgibt. Das ist für Sie
natürlich misslich, denn Neuvermietungen erfolgen ja regelmäßig zum Monatsersten. Zieht ein Mieter also beispielsweise
am 12. eines Monats aus, können Sie, wenn überhaupt, zum
01. des nächsten Monats neu vermieten.

> Sie bestimmen
> die Nutzungs-
> entschädigung

Und dennoch muss Ihnen der Mieter für die Zeit nach dem
12. keine Nutzungsentschädigung mehr zahlen. In Ihrem Fall
greift aber erfreulicherweise eine Ausnahme: Wird einem
Mieter vom Gericht eine Räumungsfrist gesetzt und zieht der

Mieter dann vor Ablauf der Frist aus, muss er die Nutzungsentschädigung trotzdem weiterzahlen. Also bis zum Ablauf
der Räumungsfrist. So hat es zuletzt das Amtsgericht Ber-
lin-Schöneberg entschieden (Urteil v. 09.10.08, Az. 2 C
213/08).

Übrigens: Auch in dem Beispiel bleibt Ihnen als Vermieter ein
„Hintertürchen": Verhindert der Mieter durch seinen verspäteten Auszug nachweislich eine sofortige Anschlussvermie-
tung, können Sie den ganzen Monat als Mietausfall von Ihrem
Mieter fordern – im Beispiel also auch für die Zeit über den
12. hinaus bis zur Neuvermietung.

100
Mein Mieter hat Privatinsolvenz angemeldet – Wie sichere ich jetzt meine Rechte?

*Ich habe erfahren, dass mein Mieter einen Antrag auf
Eröffnung des Privatinsolvenz-Verfahrens gestellt hat.
Was bedeutet das für mich? Kann ich dem Mieter
kündigen?*

Das Insolvenzverfahren dient dazu, alle Personen, denen Ihr
Mieter Geld schuldet, also die Gläubiger Ihres Mieters,
gemeinschaftlich zu befriedigen. Entweder einigen sich die
Gläubiger auf einen Schuldenbereinigungsplan, oder das –
vermutlich sehr geringe – Vermögen Ihres Mieters wird ver-
wertet und der Erlös in gesetzlich vorgeschriebener Weise
unter den Gläubigern aufgeteilt. In der Praxis erhalten die
Gläubiger am Ende oft nur 2% bis 5% ihrer Forderungen und

gehen mit dem Rest leer aus. Deshalb sollten Sie jetzt alles tun, um Ihren Verlust gering zu halten.

Hat Ihr Mieter Sie als Gläubiger angegeben, erhalten Sie vom Insolvenzgericht unter anderem ein Forderungsverzeichnis. Prüfen Sie, ob alle Ansprüche, die Sie gegen Ihren Mieter stellen können, dort aufgeführt sind. Lassen Sie andernfalls das Verzeichnis beim Insolvenzgericht ergänzen. Ansprüche, die Sie nicht anmelden, erlöschen sonst. Berufen Sie sich gegenüber dem vom Gericht bestellten Treuhänder unverzüglich auf Ihr gesetzliches Vermieterpfandrecht. Das gibt Ihnen das Recht, aus den vom Mieter in die Wohnung eingebrachten pfändbaren Gegenständen eine gesonderte Befriedigung zu verlangen, und bevorzugt Sie daher vor anderen Gläubigern.

Melden Sie Ihre Forderungen und Ihr Vermieterpfandrecht an

Da der Antrag auf Eröffnung des Insolvenzverfahrens in Ihrem Fall bereits gestellt wurde, können Sie eine Kündigung des Mietverhältnisses nicht mehr mit rückständigen Mieten aus der Zeit vor der Verfahrenseröffnung begründen. Besteht aber ein anderer Kündigungsgrund, etwa wenn der Mieter sich vertragswidrig verhalten hat, dürfen Sie auch jetzt noch kündigen. Beenden Sie auch dann fristlos das Mietverhältnis, wenn der Mieter nach der Eröffnung des Insolvenzverfahrens erneut oder erstmals mit seinen Mietzahlungen in Rückstand gerät. Die Vermögensverschlechterung des Mieters oder der Antrag auf Privatinsolvenz als solcher geben Ihnen kein Kündigungsrecht.

Ihr Kündigungsrecht ist eingeschränkt

Index